Libro científico investigaciones en tecnologías de información informática y computación Volumen II

Libro científico investigaciones en tecnologías de información informática y computación Volumen II

Mtra. Lotzy Beatriz Fonseca Chiu
Mtra. María Elena Romero Gastelú
Mtra. Sofía de Jesús González Basilio.
Mtro. Jorge Lorenzo Vásquez Padilla

Número de Control de la Biblioteca del Congreso de EE. UU.:   2017912965
ISBN: Tapa Dura   978-1-5065-2142-8
                Tapa Blanda   978-1-5065-2143-5
                Libro Electrónico   978-1-5065-2144-2

Para realizar pedidos de este libro, contacte con:
Palibrio
1663 Liberty Drive
Suite 200
Bloomington, IN 47403
Gratis desde EE. UU. al 877.407.5847
Gratis desde México al 01.800.288.2243
Gratis desde España al 900.866.949
Desde otro país al +1.812.671.9757
Fax: 01.812.355.1576
ventas@palibrio.com
764237

ÍNDICE

INTRODUCCIÓN

Como resultado del trabajo constante y colaborativo entre profesores de la Universidad de Guadalajara y de la Universidad Autónoma de Nayarit se lograron una serie de investigaciones y experimentos relativos a las áreas de informática, computación, tecnologías y aprendizaje. En la presente publicación se presentan nueve investigaciones y sus resultados: Cuéntame una historia para inspirarme, aprender y compartirla usando TIC's; Taller de objetos de aprendizaje multimedia para compartir. Creando pósters digitales con contenidos multimedia para compartir información entre jóvenes universitarios de Ciencias Computacionales; Uso de blogs como medio para el seguimiento de los aprendizajes en estudiantes universitarios; Usando Padlet como portafolio digital, para evaluar el proceso de enseñanza-aprendizaje de jóvenes universitarios; Creando mapas mentales usando MindMeister entre jóvenes universitarios; Compartir conocimiento en la Web con infografías en las Ciencias Computacionales entre jóvenes universitarios; Construyendo sitios Web con contenido hipermedia en la Universidad; y Adquiriendo competencias del siglo XXI a través de la construcción de sitios Web entre jóvenes universitarios de Ciencias Computacionales. Las anteriores fueron revisadas, aprobadas y presentadas en congresos y revistas electrónicas especializadas, las cuales se han compilado en esta publicación con el objetivo de que estén disponibles a otros profesores investigadores y alumnos interesados en estos temas.

Estas investigaciones permitieron realizar experimentos referentes a la manera de trabajar tanto en la Universidad de Guadalajara en el Departamento de Ciencias Computacionales del Centro Universitario de Ciencias Exactas e Ingenierías, y el Sistema de Universidad Virtual; como en la Universidad Autónoma de Nayarit. Los resultados de los mismos han sido buenos, se ha mejorado el proceso de educación de los grupos piloto participantes; por lo que se recomiendan utilizar como herramientas educativas complementarias que los profesores pueden aplicar en su quehacer docente.

CUÉNTAME UNA HISTORIA PARA INSPIRARME, APRENDER Y COMPARTIRLA USANDO TIC'S

Lotzy Beatriz Fonseca Chiu

Resumen

El trabajo tiene como finalidad difundir la experiencia de crear historias a través del software Microsoft Photo Story. Historias que cuentan la vida de algún personaje que ha impulsado el desarrollo de las Ciencias Computacionales. Historias desarrolladas por estudiantes universitarios, creadas de forma individual y que se publicarían en forma de vídeos en YouTube, y las ligas de todas las historias creadas por estudiantes se publicarían en un página Web en Facebook. Lo que aprendían los estudiantes universitarios sobre los personajes lo publicaron en blogs. El objetivo principal de las historias creadas por estudiantes universitarios sería inspirar, aprender sobre la vida de los personajes que han impulsado los desarrollos en las Ciencias Computacionales y compartir las historias con otros jóvenes, y poder aprender de esos personajes, las historias se crearon en las materias de Tópicos Selectos de Informática I (Comercio Electrónico) y Taller de Programación Orientada a Objetos en los calendarios 2012A, 2012B y 2013A, materias que se imparten en el Centro Universitario de Ciencias Exactas e Ingenierías (CUCEI) de la Universidad de Guadalajara.

Palabras clave: Historias, Personajes, Impulsaron, Desarrollo, Ciencias Computacionales, Inspirar, Aprender, Universitarios, TIC's.

Tell me a story to inspire, learn and share using TIC

Abstract

The paper aims to disseminate the experience of creating stories through Microsoft Photo Story software. Stories, that tell the life of someone who has driven the development of Computer Science. Stories developed by University students individually created to be published in the form of videos on YouTube, and leagues of all the stories created by students would be published on a website on Facebook. What college students learned about the characters they published on blogs. The main objective of the stories created by college students would inspire, learn about the lives of the characters that have driven the developments in Computer Science and share stories with other young people, and to learn from these characters, the stories were created in the Selected Topics matters Computers I (Electronic Commerce) and Workshop OOP in calendars 2012A, 2012B and 2013A, subjects taught in the University Center for Science and Engineering (CUCEI) at the University of Guadalajara.

Keywords: Stories, Characters, Pushed, Development, Computer Science, Inspire, Learn, University, TIC's.

1. Introducción

El trabajo tiene como finalidad difundir la experiencia de crear historias a través del software Microsoft Photo Story. Las historias desarrolladas de forma individual por estudiantes universitarios relatan la vida de algún personaje que ha impulsado el desarrollo de las Ciencias Computacionales. Las historias se publicarían en forma de vídeos en YouTube; y las ligas de todas las historias se publicarían en una página Web en Facebook.; y en blogs los estudiantes publicarían que aprendieron de los personajes investigados. El objetivo principal de las historias sería inspirar, aprender sobre la vida de estos personajes y compartir las historias con otros jóvenes, y así poder aprender de esos personajes. Las historias se crearon en las materias de Tópicos Selectos de Informática I (Comercio Electrónico) y Taller de Programación Orientada a Objetos en los calendarios 2012 A, 2012 B y 2013A, materias que se imparten en el Centro Universitario de Ciencias Exactas e Ingenierías (CUCEI) de la Universidad de Guadalajara.

2. Referentes teóricos

¿Qué es una historia?

Historia en el lenguaje usual es la narración de cualquier suceso.

Para el presente estudio el objetivo principal sería contar historias de personajes que han contribuido al desarrollo de las Ciencias Computacionales.

¿Qué es Microsoft Photo Story?

Microsoft Photo Story es una herramienta gratuita de software para los usuarios de Windows con la que es posible desarrollar presentaciones fotográficas con una mezcla de imágenes, música y narración de voz, es posible agregar efectos de transiciones usando las predefinidas por el software, además que produce un formato de publicación en vídeo, esos vídeos se pueden compartir a través de diversos medios DVD y CD se añaden otros formatos de salida para dispositivos portátiles, que van desde Smartphone a Pocket PC o PSP.

¿Qué es Facebook?

Facebook es la red de las redes, la red más grande del mundo, que cambia para siempre el modo de relacionarnos y entretenernos. Se trata de un espacio Web gratuito creado inicialmente para la comunicación social de los estudiantes de Harvard, que ha logrado expandirse por todo el mundo. Los usuarios pueden acceder a esta red registrándose, y deben tener una cuenta de correo electrónico. El inventor y creador es Mark Zuckerberg, un estudiante de la Universidad de Harvard (Llavina 2010).

¿Por qué publicar las historias desarrolladas por Facebook?

En Jalisco, 83% de usuarios de Facebook son jóvenes. Para los jóvenes, las redes sociales se han convertido en parte de su vida cotidiana. De acuerdo a la encuesta de The Competitive Inteligence Unit (CIU, firma de consultoría e investigación de mercado de alcance regional sobre comunicaciones, infraestructura y tecnología), en México 90% de usuarios de Internet menores de 30 años utiliza Facebook, Twitter, HI5 o MySpace. Y en Jalisco, tan sólo del millón 407 mil 700 usuarios de Facebook, 83% es menor de 30 años (E. Barrera 2011).

Las estadísticas mencionadas anteriormente nos indican que las redes sociales son del agrado de los jóvenes, que son nuestro público objetivo, debido a esto se decide utilizar Facebook como herramienta principal, para poder publicar las historias creadas por jóvenes universitarios y poder distribuirlas entre sus amigos y conocidos que de igual manera son jóvenes.

¿Qué es un blog?

Un blog está basado en la idea de que cualquiera puede escribir en línea y construir un espacio conversacional que contribuya a reforzar las relaciones sociales. En un blog, es posible publicar texto, imágenes, audio, video, ligas a contenidos externos y en nuestro caso actividades de aprendizaje (Casamayor 2008).

Los blogs se han convertido en una excelente herramienta de expresión, comunicación y socialización, que ha servido para tejer un complejo subespacio de comunicación que conocemos como blogosfera (Fumero y Roca 2007).

¿Por qué publicar lo aprendido de los personajes en blogs?

Los blogs pueden utilizarse como un recurso propio del modelo constructivista dentro de la docencia. Establecen un canal de comunicación informal entre profesor y alumno, promueven la interacción social, dotan al alumno con un medio personal para la experimentación de su propio aprendizaje (Lara 2005).

Las características de los blogs y su enfoque participativo dentro de la filosofía de las redes sociales, están constituyéndose como una herramienta esencial para la educación. De hecho, la progresiva asimilación dentro del terreno educativo ha derivado en el término "edublog" que refleja el uso de los blogs con fines académicos, o como expone (Tíscar 2005), aquellos blogs cuyo principal objetivo es apoyar un proceso de enseñanza-aprendizaje en un contexto educativo.

Para el caso de la experiencia se le solicitaría al estudiante que escribiera lo que aprendió de las historias creadas sobre algún personaje que ha contribuido al desarrollo de las Ciencias Computacionales, como una forma de interiorización y reflexión de lo aprendido sobre la historia que el mismo estudiante crearía.

3. Contexto

La presente experiencia se realizó en los calendarios 2012A, 2012B y 2013A entre jóvenes universitarios de las carreras de Ingeniería en Computación y Licenciatura en Informática que cursan las materias de Tópicos Selectos de Informática I (Comercio Electrónico) y Taller de Programación Orientada a Objetos en el Centro Universitario de Ciencias Exactas e Ingenierías de la Universidad de Guadalajara, las edades de los estudiantes están entre 22-24 años de edad.

4. Desarrollo

La estrategia didáctica en pasos.

La estrategia consta de 8 pasos:

1. Se solicitó a los estudiantes que investigaran la vida de algún personaje que ha contribuido al desarrollo de las Ciencias Computacionales, se pusieron ejemplos, Bill Gates, Denis Ritchie y Steve Jobs, pero los estudiantes eran libres de decidir sobre qué personaje hacer su investigación.
2. El profesor proporciono a los estudiantes un vídeo instruccional a través de Skydrive del uso de la herramienta Microsoft Photo Story y también la dirección en Internet donde podían descargar el software.
3. Se les explicó a los estudiantes que la idea de crear la historia sería inspirar, aprender y compartirla, debían generar la historia con los datos de la vida del personaje que les aportarán algún aprendizaje y los inspiraran, podrían usar imágenes, su voz, audio y texto.

4. El profesor abrió una página Web en Facebook y les proporciono la liga de la página a sus estudiantes para que publicaran las ligas de sus historias.

5. Los estudiantes desarrollarían entonces las siguientes actividades por calendarios ya que la actividad ha evolucionado con el tiempo:

Imagen 1. Esquema de las actividades que los estudiantes tenían que elaborar en el calendario 2012A, 2012B, 2013A.

Imagen 2. Esquema de las actividades que los estudiantes tenían que elaborar en el calendario 2013A.

6. Los estudiantes compartieron la liga de la página en Facebook que contenían sus historias a amigos y familiares, mismos que comentaban por Facebook lo que aprendían de las historias creadas por los estudiantes universitarios.

7. Los estudiantes expusieron sus historias en horario de clase a sus compañeros.

8. El profesor compartió las historias creadas por los estudiantes universitarios y las proyectó, en la Preparatoria 6, en la Preparatoria Vocacional, en la Secundaria Técnica 148, con el objetivo de inspirar a adolescentes y jóvenes a continuar con sus estudios. Esta actividad solo se efectuó en el calendario 2012A.

5. Resultados

Imágenes de algunas historias creadas en los calendarios 2012A, 2012B, 2013A.

HISTORIA Y AUTOR	IMAGEN	MATERIA
Historia de Bill Gates Creada por el estudiante Jesús Daniel Muñoz	Bill Gates	Tópicos Selectos de Informática I
Historia de Dennis Ritchie Creada por el estudiante Arturo Mendoza	Dennis Ritchie	Tópicos Selectos de Informática I
Historia de Steve Jobs Creada por el estudiante Miriam Azucena Meza	STEVE JOBS	Tópicos Selectos de Informática I
Historia de Linus Benedic Creada por el estudiante Hernández Pérez Braulio	LINUS BENEDICT TORVALDS	Taller de Programación Orientada a Objetos

Los estudiantes universitarios han desarrollado historias de los siguientes personajes que han contribuido al desarrollo de las Ciencias Computacionales: Bill Gates, Denis Ritchie, Steve Jobs, Linus Benedic, Andy Rubin, Robert Noyce entre otros.

Imagen de las historias desarrolladas con Microsoft Photo Story (vista de diseño).

Fotografías de las historias creadas por estudiantes universitarios y proyectadas a sus compañeros en horario de clases.

Imágenes de las historias creadas por universitarios y que el profesor proyectó a estudiantes de la Secundaria Técnica 148, 2C, turno matutino.

Se proyectaron tres historias, la de Bill Gates creada por el alumno universitario Daniel Muñoz, la de Denis Ritchie creada por el alumno universitario Arturo Mendoza, la de Steve Jobs creada por la alumna universitaria Azucena Meza.

Se realizó una encuesta a los 37 estudiantes de la Secundaria Técnica 148, 2C, turno matutino. Con las siguientes preguntas:

1. ¿Qué tienen en común estos personajes (los de las tres historias)?
2. ¿Por qué crees que tuvieron éxito estos personajes?
3. ¿Qué podemos aprender de la vida de estos personajes?
4. ¿Te gusto la actividad? Sí, no y porque.

Resultados en la Secundaria Técnica 148, 2C, turno matutino.

Estudiante: Citlali Guerrero Edad 14 años.
> *Respuesta 1.-"Los tres estaban en la informática y fueron creadores de algo".*
> *Respuesta 2.-"Porque inventaron muchas cosas que hoy las usamos mucho".*

Respuesta 3.-"Qué fueron famosos y ricos".

Respuesta 4.-"Si, porque es muy interesante saber lo que hicieron"

Estudiante: Adrián del Campo Edad 14 años.

Respuesta 1.-"Todos son del área de las ciencias computacionales".

Respuesta 2.- "Porque lo que piensan lo crean".

Respuesta 3.- "Su perseverancia".

Respuesta 4.- "Si".

Estudiante: Karina Venegas Edad 13 años.

Respuesta 1.-"A los 3 les interesaba la informática".

Respuesta 2.-"Todos se esforzaron y lucharon por lo que querían".

Respuesta 3.-"Que todo se puede con voluntad".

Respuesta 4.-"Si, muy buena".

A la pregunta 4 los 37 estudiantes contestaron "SI".

Imágenes de las historias creadas por universitarios y que el profesor proyectó a estudiantes de la Preparatoria 6 y Preparatoria Vocacional.

Se realizó una encuesta a los 32 estudiantes de la Preparatoria 6. Con las siguientes preguntas:

1. ¿Qué tienen en común estos personajes (los de las tres historias)?
2. ¿Por qué crees que tuvieron éxito estos personajes?
3. ¿Qué podemos aprender de la vida de estos personajes?
4. ¿Te gusto la actividad? Sí, no y porque.

Resultados en la Preparatoria 6.

Estudiante: Mariene Virgen Edad 15 años.

Respuesta 1.-"Se dedicaban a las Ciencias Computacionales".

Respuesta 2.-"Qué hay que luchar por nuestros sueños y darle toda nuestra dedicación".

Respuesta 3.-"Por su dedicación".

Respuesta 4.-"Si, porque conocía a Bill Gates y me gustó mucho el cortometraje"

Estudiante: Alicia Valenzuela Edad 15 años.

Respuesta 1.-"Qué ellos quisieron avanzar tecnológicamente. Se dedicaban a desarrollar inventos innovadores".

Respuesta 2.- "Por su gran dedicación a su sueño".

Respuesta 3.- "Qué se pueden alcanzar los sueños aunque estén tan lejos. Conseguir lo que uno quiere".

Respuesta 4.- "Si porque trata de avances tecnológicos que hoy en día disfrutamos".

Estudiante: Cintia Galindo Edad 16 años.

Respuesta 1.-"Se dedican a las Ciencias Computacionales".

Respuesta 2.-"Por su dedicación".

Respuesta 3.-"Que tenemos que luchar hasta lograr lo que queremos".

Respuesta 4.-"Si, porque conocí la historia de Bill Gates".

A la pregunta 4 los 32 estudiantes contestaron "SI".

Se realizó la encuesta anterior a los 15 estudiantes de la Preparatoria Vocacional obteniendo los siguientes resultados:

Estudiante: Eduardo Carbajal Edad 17 años.

Respuesta 1.-"Qué fueron hombres con visión y muy interesados en superarse".

Respuesta 2.-"Por su gran empeño, dedicación e interés".

Respuesta 3.-"Pues al igual su empeño en tratar de conseguir lo que quisieron".

Respuesta 4.-"Si me inspiro"

Estudiante: Jesús de la Cerda Edad 17 años.

> *Respuesta 1.-"Ambos eran muy inteligentes en la informática".*
> *Respuesta 2.- "Por actualizar sus inventos".*
> *Respuesta 3.- "Qué si le echamos ganas podemos cumplir nuestras metas y objetivos".*
> *Respuesta 4.- "Si porque aprendimos acerca de sus vidas".*

A la pregunta 4 los 15 estudiantes contestaron "SI".

Actualmente han intervenido en este proyecto:

- 37 estudiantes de Secundaria Técnica 148, 2° grado grupo C turno Matutino.
- 15 estudiantes de la Preparatoria Vocacional
- 32 estudiantes de la Preparatoria 6
- 36 estudiantes de la Materia de Tópicos Selectos de Informática I Calendario 2012A.
- 15 estudiantes de la Materia de Taller de Programación Orientada a Objetos Calendario 2012A.
- 43 estudiantes de la Materia de Tópicos Selectos de Informática I Calendario 2012B.
- 51 estudiantes de la Materia de Tópicos Selectos de Informática I Calendario 2013A.
- 19 estudiantes de la Materia de Taller de Programación Orientada a Objetos 2013A.
- Un total de 248 estudiantes.

Pero es importante mencionar que las reproducciones adicionales de las historias publicadas en YouTube y Facebook, nos habla del alcance de la actividad.

6. Conclusiones

Los estudiantes universitarios desarrollaron competencias como las que a continuación señalo:

1. Investigación.
2. Editar, diseñar y producir sus historias.
3. Editar audio.

4. Editar, diseñar imágenes.
5. Contar una historia.
6. Desarrollo su creatividad.
7. Al entrar a Internet, adquirió competencias tecnológicas, uso de la computadora entorno Windows.
8. Manejo de Microsoft Photo Story.
9. Publicar su historia a través de redes sociales como Facebook.
10. Publicar su historia en YouTube.
11. Compartir lo que crearon con otros estudiantes, con amigos y familiares, creando una red de conocimiento.

Cuéntame una historia es una actividad que permitió inspirar a los universitarios, así como a otros estudiantes adolescentes y jóvenes que tuvieron la oportunidad de ver las historias creadas por los estudiantes universitarios. Además de inspirar a otras personas a través de la red social Facebook.

A continuación, muestro algunos comentarios de la página Web creada en Facebook, sobre las historias publicadas por jóvenes universitarios y profesor.

Comentarios sobre la historia del creador de Facebook Zuckerberg, desarrollada por estudiante un universitario y publicada en una página Web creada en Facebook.

Miguel Alejandro Híjar Chiapa Creo que el video logra el objetivo de "contar la historia" de Zuckerberg de una manera muy concreta, dándole a conocer al espectador tanto rasgos personales como profesionales del creador de Facebook. Si hay algo que debe destacarse de Mark Zuckerberg es la sencillez de su persona a pesar del éxito que ha alcanzado con su innovadora idea; justo eso es lo que más me gusto del video.
Hace 22 horas · Me gusta · 👍 1

Acmenia Sheerp Orale!!!!! Nacho Martinez tu hiciste ese video??? Ni sabia nada de la historia de como surgio esta cosa xD!!! ahora que lo mencionas no manches aparece en los simpson??? jajaja ni me había percatado jajajajajajajaja SI ES ASI FELICIDADES! (si tu hiciste el video)
Hace 22 horas · Me gusta · 👍 1

Bere Stone Rivera Buen video, cualquier persona puede lograr sus metas, pero sin olvidar de nuestra vida, es un gran vicio, pero nos facilita la comunicación ya sea para bien o mal es un instrumento que nos mantiene en contacto con amigos o familiares que puede que ya no veamos o no los tengamos a nuestro lado...
pero siempre debemos de aprender a poner un alto al tiempo que implementamos estando aquí...
Hace 22 horas · Me gusta · 👍 1

7. Referencias

[1]　Casamayor Gregorio. (2008). La formación ON-LINE Una mirada integral sobre el e-learning, b-learning. España: Graó.

[2]　E. Barrera. (2011). En Jalisco, 83% de usuarios de Facebook son jóvenes. El informador, 08 de febrero del 2011 recuperado desde la dirección http://www.informador.com.mx/jalisco/2011/269482/6/en-jalisco-83-de-usuarios-de-facebook-son-jovenes.htm el 08 de julio del 2013.

[3]　Fumero, Antonio, Roca, Genis. (2007). Web 2.0. Fundación Orange. Madrid.

[4]　Gido, J. (2006). Administración exitosa de proyectos. México: Cengage Learning.

[5]　Ibabe Izaskun. (2005). Cómo crear una Web docente de calidad. España: Gesbiblo, S.L.

[6]　Lara. (2005). Blogs para educar. Usos de los blogs en una pedagogía constructivista 18 de junio, 2011 desde http://unileon. pbworks.com/f/edublogs.pdf.

[7]　Luján, S. (2002). Programación de aplicaciones Web: historia, principios básicos y clientes Web. España: Editorial Club Universitario.

[8]　Llavina Xantal. (2010). Facebook. Mejore sus relaciones conociendo la red social que conecta al mundo. Profit Editorial: España.

[9]　Pimienta, J. (2012). Estrategias de enseñanza-aprendizaje. México: Pearson.

[10]　Tíscar, Lara. (2005). Weblogs y Educación. Consultado 8 de julio, 2013 desde http://tiscar.com/weblogs-y-educacion.

TALLER DE OBJETOS DE APRENDIZAJE MULTIMEDIA PARA COMPARTIR

Lotzy Beatriz Fonseca Chiu

Resumen

El trabajo tiene como finalidad difundir los resultados de implementar un taller de objetos de aprendizaje multimedia, en el cual jóvenes universitarios desarrollaron objetos de aprendizaje que incluían contenido multimedia y esos objetos de aprendizaje se compartían exponiéndose en diferentes escuelas de diversos niveles educativos como prescolar, primaria y preparatoria, los objetos de aprendizaje se crearon en la materia de Programación de Sistemas Multimedia en los calendarios 2013B y 2014A materia que imparto en el Centro Universitario de Ciencias Exactas e Ingenierías (CUCEI) de la Universidad de Guadalajara.

Palabras Clave: Taller, Objetos de Aprendizaje, Multimedia, Compartir, Jóvenes, Universitarios.

Abstract

The paper aims to disseminate the results of implementing a workshop objects multimedia learning, in which University students developed learning objects including multimedia content and those learning objects shared exposing in different schools of different educational levels as preschool, primary and high school, learning objects are created in the field of Multimedia Systems Programming calendars 2013B and 2014A subject that I teach at the University

Center of Exact Sciences and Engineering (CUCEI) at the University of Guadalajara.

Keywords: Workshop, Learning Objects, Multimedia, Shared, Youth, University.

1. Introducción

El trabajo tiene como finalidad difundir los resultados de implementar un taller de objetos de aprendizaje multimedia, en el cual jóvenes universitarios desarrollaron objetos de aprendizaje que incluían contenido multimedia y esos objetos de aprendizaje se compartían exponiéndose en diferentes escuelas de diversos niveles educativos como prescolar, primaria y preparatoria, los objetos de aprendizaje se crearon en la materia de Programación de Sistemas Multimedia en los calendarios 2013B y 2014A materia que imparto en el Centro Universitario de Ciencias Exactas e Ingenierías (CUCEI) de la Universidad de Guadalajara.

El taller se estructuró de la siguiente forma:

La profesora público en un blog vídeos instruccionales sobre el uso de dos herramientas de software para la creación de objetos de aprendizaje. La primer herramienta de software se llama Microsoft LCDS (Learning Content Development System) permite crear cursos en línea interactivos, con contenido personalizable, actividades, juegos, evaluaciones, animaciones, demostraciones y otros elementos multimedia. La segunda herramienta de software se llama exe-learning permite editar metadatos, y es una herramienta de autoría que permite ayudar a profesores y académicos en el diseño, desarrollo y publicación de materiales de enseñanza y aprendizaje a través de la Web (Morales 2010).

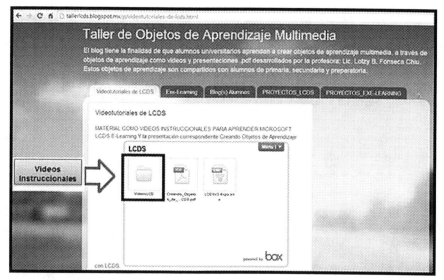

Imagen 1. Blog de la profesora disponible en la URL: http://
tallerlcds.blogspot.mx/p/videotutoriales-de-lcds.html.

Se publicó en el blog también información sobre las generalidades de los objetos de aprendizaje.

Así mismo en clase presencial la profesora explicó el uso de las herramientas, las generalidades de los objetos de aprendizaje, la estrategia que se seguiría para el desarrollo del taller.

2. Referentes teóricos

¿Qué es un objeto de aprendizaje?

Un objeto de aprendizaje se define como cualquier recurso digital que puede ser reutilizado para soportar el aprendizaje. Son recursos digitales con fines educativos (Wiley 2002).

Una definición con connotación pedagógica es la de Polsani (2003) quien los define como una unidad de aprendizaje independiente y autocontenida que será predispuesta a ser reutilizada en múltiples contextos instruccionales.

L'allier (1997) define al objeto de aprendizaje como la experiencia estructural independiente más pequeña, que contiene: un objetivo, una actividad de aprendizaje y una valoración que permita determinar si se ha alcanzado el objetivo propuesto.

¿Cuáles son las partes de un objeto de aprendizaje?

Los objetos de aprendizaje deben centrarse en dos niveles: su accesibilidad e interoperatividad tecnológica y la capacidad de ser reutilizados (García 2007).

Los elementos que estructuran los objetos de aprendizaje son:

- Los objetivos.
- Los contenidos (temas a tratar).
- Explicación-aplicación (cómo se abordan los contenidos y cuáles son las actividades y tareas a realizar)
- Autoevaluación

De acuerdo a Martínez (2009) "Es aquí donde cada estudiante podrá constatar lo significativo del proceso que le haya redundado en un aprendizaje que se plantea construir".

¿Qué es Microsoft LCDS?

Es un software que permite que una persona sin muchos conocimientos previos, pueda publicar cursos e-learning con sólo seguir las plantillas que además son fáciles de usar, para generar contenido que se puede personalizar, actividades interactivas, quizzes, juegos, animaciones, ejemplos y otros contenidos multimedia.

¿Qué es Exe-learning?

De acuerdo a Muñoz (2009) "software comúnmente empleado para el empaquetado de contenidos, es un programa que está diseñado para ayudar al profesor en la publicación de contenidos Web sin la necesidad de ser expertos en HTML o en formato XML y, por supuesto, para poder exportar contenidos en formato estándar."

¿Qué es la multimedia?

De acuerdo a Bartolomé (1999) "el término multimedia es para referirse a sistemas integrados informatizados que soportan mensajes textuales, audiovisuales, etc."

¿Qué es un blog?

Un blog está basado en la idea de que cualquiera puede escribir en línea y construir un espacio conversacional que contribuya a reforzar las relaciones sociales. En un blog, es posible publicar texto, imágenes, audio, video, ligas a contenidos externos y en nuestro caso actividades de aprendizaje (Casamayor 2008). Los blogs se han convertido en una excelente herramienta de expresión, comunicación y socialización, que ha servido para tejer un complejo subespacio de comunicación que conocemos como blogosfera (Fumero y Roca 2007).

¿Por qué publicar en un blog los vídeos instruccionales e información sobre las generalidades de los objetos de aprendizaje?

Los blogs pueden utilizarse como un recurso propio del modelo constructivista dentro de la docencia. Establecen un canal de comunicación informal entre profesor y alumno, promueven la interacción social, dotan al alumno con un medio personal para la experimentación de su propio aprendizaje (Lara 2005).

Las características de los blogs y su enfoque participativo dentro de la filosofía de las redes sociales, están constituyéndose como una herramienta esencial para la educación. De hecho, la progresiva asimilación dentro del terreno educativo ha derivado en el término "edublog" que refleja el uso de los blogs con fines académicos, o como expone (Tíscar 2005), aquellos blogs cuyo principal objetivo es apoyar un proceso de enseñanza-aprendizaje en un contexto educativo.

Para el taller de objetos de aprendizaje el blog serviría al estudiante para apoyar su proceso de enseñanza aprendizaje de lo que se veía en clase sobre los objetos de aprendizaje, el uso de los software, así mismo el blog tenía el objetivo de servir como canal de comunicación con el profesor a través del cual finalmente el alumno publicaría los enlaces del resultado final que sería el objeto de aprendizaje construido, las evidencias de su presentación en una escuela y los datos generales de los participantes en el taller.

3. Contexto

El taller de objetos de aprendizaje multimedia se realizó en los calendarios 2013B y 2014A entre jóvenes universitarios de las carreras de Ingeniería en Computación y Licenciatura en Informática que cursaron la materia Programación de Sistemas Multimedia en el Centro Universitario de Ciencias Exactas e Ingenierías de la Universidad de Guadalajara, las edades de los estudiantes están entre 22-27 años de edad, participaron 38 estudiantes en la presente investigación.

4. Metodología

La metodología elegida consistió en una investigación-acción en la que principalmente los estudiantes interactúen con la tecnología. Se inició detectando la necesidad de que los jóvenes universitarios vinculen con la sociedad, y entiendan que lo que aprenden en la Universidad tiene un beneficio que puede impactar incluso de forma positiva en la sociedad, de esta forma se pensó en una estrategia que lograra está vinculación y que lograra al mismo tiempo que jóvenes universitarios desarrollaran las competencias propias de la materia de Programación de Sistemas Multimedia, partiendo de esto, se enseñó a los jóvenes las generalidades de la creación de objetos de aprendizaje multimedia, se les enseño a través del uso directo en laboratorio las herramientas de software Microsoft LCDS y Exe-learning, ambas herramientas gratuitas, y se solicitó a los jóvenes exponer su resultado final en alguna escuela.

5. Desarrollo

La estrategia didáctica en pasos.

La estrategia consta de 4 pasos:

1. La profesora explico las generalidades de los objetos de aprendizaje, además de proporcionarles la liga al blog a los estudiantes, se proporcionó el software y se explicó de forma general su funcionamiento.

2. Los estudiantes desarrollaron un objeto de aprendizaje con tema libre, pero que permitiera apoyar alguna materia de algún nivel educativo preescolar, primaria, secundaria o preparatoria.

3. Los estudiantes desarrollaron el objeto de aprendizaje usando de base alguno de los dos software propuestos, LCDS o Exe-learning, cabe aclarar que podían usar software extra para reforzar su objeto de aprendizaje, cosa que algunos estudiantes hicieron, algunos estudiantes hicieron juegos con el software Unity, otros desarrollaron vídeos con Movie Maker, y usaron más software de apoyo.

4. Finalmente los estudiantes expusieron su objeto de aprendizaje en alguna escuela, al mismo tiempo tomaron fotos, vídeos y realizaron encuestas entre estudiantes y maestros de grupo, para ver el grado de satisfacción que el objeto de aprendizaje tenía entre los usuarios del objeto de aprendizaje. Publicaron su trabajo final en el mismo blog a través de enlaces a discos duros virtuales donde es posible descargar los trabajos de los estudiantes.

Imagen 2. Enlace publicado por una estudiante en el calendario 2013B.

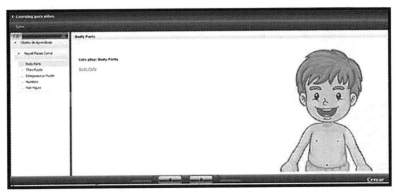

Imagen 3. Objeto de aprendizaje desarrollado por estudiante universitaria en el software Microsoft LCDS para niños de preescolar.

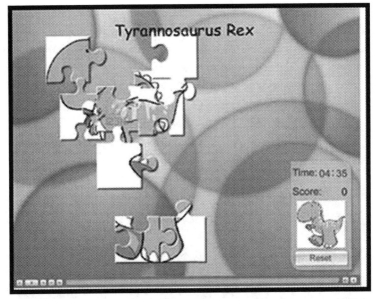

Imagen 4. Objeto de aprendizaje desarrollado por estudiante universitaria en el software Microsoft LCDS para niños de preescolar, actividad de arrastrar y soltar para formar el dinosaurio.

Imagen 5. Objeto de aprendizaje desarrollado por estudiantes universitarios, vídeo "Los Valores" presentado a niños de primaria.

6. Resultados

Los estudiantes universitarios construyeron en el calendario 2013B cinco objetos de aprendizaje:

1. Objeto de aprendizaje "Detectando competencias tecnológicas entre niños de preescolar."
2. Objeto de aprendizaje "Los valores".
3. Objeto de aprendizaje "Educación Vocacional".
4. Objeto de aprendizaje "Sistema solar".
5. Objeto de aprendizaje "Seguridad en la red".

Se visitaron la Preparatoria 6, el Politécnico, Kínder Bilingüe Montessori. A.C. Instituto, Escuela José Guillermo Ayón Zester entre otras escuelas, es importante mencionar que algunos estudiantes universitarios presentaron en más de una escuela sus objetos de aprendizaje.

En el calendario 2014A se construyeron cuatro objetos de aprendizaje:

1. Objeto de aprendizaje "Test orientación vocacional".
2. Objeto de aprendizaje "Reciclaje".
3. Objeto de aprendizaje "Ciencias naturales".
4. Objeto de aprendizaje "Matemáticas".

Se visitaron la Preparatoria Vocacional, Preparatoria 12, Escuela Adolfo López Mateos, entre otras.

Así mismo algunos de los universitarios proporcionaron un formato para que los profesores responsables de los grupos en las escuelas que visitaban expresaran su opinión por escrito sobre los objetos de aprendizaje que los jóvenes universitarios expusieron en sus escuelas.

1. Opinión de la profesora, Escuela Adolfo López Mateos, grupo 6 B, Turno Matutino:
   - ¿Qué opina acerca de la actividad de aprendizaje? "Fue muy divertida e innovadora que motivó el aprendizaje de los alumnos sobre un tema de su interés y que pueden aplicar en su vida cotidiana".
   - ¿Qué le pareció la actividad? "Excelente".

7. Conclusiones

Los estudiantes universitarios desarrollaron competencias como las que a continuación señalo:

- Aprendieron a construir objetos de aprendizaje.
- Aprendieron a utilizar el software Microsoft LCDS y Exe-learning.
- Utilizaron software adicional como Unity, Movie Maker, Captivate, entre otros lo que significó investigar y aprender a utilizarlo.
- Editar, diseñar imágenes y vídeos.
- Desarrollaron su creatividad.
- Aprendieron a compartir su conocimiento.
- Publicar sus contenidos en discos duros virtuales y compartirlos en el blog.
- Exponer su objeto de aprendizaje les significó vencer el miedo de hablar en público.
- Aprender a recibir retroalimentación y críticas sobre su trabajo, esto debido a que los profesores (de preescolar, primaria, preparatoria) responsables de los grupos de las escuelas visitadas por los estudiantes universitarios expresaron sus opiniones sobre los objetos de aprendizaje expuestos. Algunas de estas retroalimentaciones de los profesores hacia los estudiantes universitarios se grabaron en vídeo.

Finalmente se les preguntó a los estudiantes universitarios que participaron en este proyecto ¿qué opinaban del proyecto Taller de objetos de aprendizaje para compartir? a continuación algunas opiniones.

- Alumno Eric Aldaco: "Los objetos de aprendizaje son muy útiles y divertidos, aparte que es muy buen proyecto, sirve para ayudar a las personas".
- Alumna Mayra González: "Una iniciativa muy interesante y que permite a los alumnos dar vuelo a su imaginación pensando más allá de lo que se hace cotidianamente, pensar en aportar algo a la sociedad, sobre todo a los niños. Fue una gran experiencia tratar con los niños de primaria y conocerlos, así como entrar en su entorno y junto con ellos aprender."

Es importante fomentar entre los jóvenes universitarios esa vinculación universidad-sociedad, que los jóvenes entiendan que lo que aprenden y construyen en la escuela tiene un beneficio y puede tener un impacto en nuestra sociedad.

8. Referencias

[1]   Bartolomé Pina Antonio. (1999). Nuevas tecnologías en el aula: Guía de supervivencia. Barcelona: Graó.

[2]   Casamayor Gregorio. (2008). La formación ON-LINE Una mirada integral sobre el e-learning, b-learning. España: Graó.

[3]   Fumero, Antonio, Roca, Genis. (2007). Web 2.0. Fundación Orange. Madrid.

[4]   García Aretío. (2007). De la educación a distancia a la educación virtual. Editorial Ariel.

[5]   Lara. (2005). Blogs para educar. Usos de los blogs en una pedagogía constructivista 18 de junio, 2011 desde http://unileon. pbworks.com/f/edublogs.pdf.

[6]   L' allier, J. (1997). Frame of Reference: NETg's Map to the Products, Their Structure and Core Beliefs. NetG.

[7]   Martínez Martínez Adriana. (2009). Innovación y Competitividad en la Sociedad del Conocimiento. Plaza y Valdés.

[8]   Morales Morgado Mariela. (2010). Gestión del Conocimiento en Sistemas E-learning, basado en objetos de Aprendizaje, cualitativa y pedagógicamente definidos. Ediciones Universidad de Salamanca.

[9]   Muñoz Carril Cesar. (2009). El diseño de materiales de aprendizaje multimedia y las nuevas competencias del docente en contextos teleformativos. Madrid: Bubok.

[10] Polsani, P. (2003). Use and Abuse of Reusable Learning Objects. Journal of Digital Information, 3(4), Article No. 164.

[11] Tíscar, Lara. (2005). Weblogs y Educación. Consultado 8 de julio, 2013 desde http://tiscar.com/weblogs-y-educacion.

[12] Wiley, D.A. (2002). Connecting learning objects to instructional design theory: A definition, a metaphor, and a taxonomy. En Wiley (ed.) The Instructional Use of Learning Objects, pp. 571-577.

CREANDO PÓSTERS DIGITALES CON CONTENIDOS MULTIMEDIA PARA COMPARTIR INFORMACIÓN, ENTRE JÓVENES UNIVERSITARIOS DE CIENCIAS COMPUTACIONALES

Lotzy Beatriz Fonseca Chiu
Jorge Lorenzo Vásquez Padilla
María Elena Romero Gastelú

Resumen

Este estudio tiene por objetivo difundir los resultados de crear pósters digitales con contenidos multimedia con la finalidad de que jóvenes universitarios de Ciencias Computacionales compartieran información propia de la materia de Administración de Bases de Datos y Programación de Sistemas Multimedia y con esto fomentar el desarrollo de competencias tecnológicas propias de las materias y del uso de la herramientas online y gratuitas, para este trabajo se utilizó Glogster en el Centro Universitario de Ciencias Exactas e Ingenierías (CUCEI) de la Universidad de Guadalajara.

Palabras clave: Pósters Digitales, Multimedia, Jóvenes, Universitarios.

Creating posters digital multimedia content to share information among University students in Computer Science

Abstract

This study aims to disseminate the results to create posters digital multimedia contents with the aim that University students in Computer Science own share information regarding the administration of databases and programming of multimedia systems and thereby promote development of own technological skills of the materials and the use of online and free tools for this work was used Glogster at the University Center of Exact Sciences and Engineering (CUCEI) of the University of Guadalajara.

Keywords: Posters Digital, Multimedia, Youth, University.

1. Introducción

La evolución del Internet y las TIC´s, nos ofrecen posibilidades que nos permiten tener disponibles aplicaciones que nos ayudan a generar contenidos digitales.

Pensando en acercar a los estudiantes a este tipo de herramientas online es que surge la idea de crear pósters multimedia online para que los jóvenes universitarios aprendieran a utilizarlas, y al mismo tiempo expresaran los conceptos de los temas aprendidos en clase a través de este tipo de mural en el que pueden incluir texto, imágenes, vídeo, sonido y enlaces a otros sitios Web.

2. Referentes teóricos

¿Qué es el póster digital o glog?

De acuerdo a (Jubany, 2012) "es un póster con texto, imágenes, videos, interesante para recopilar y mostrar información sobre un tema concreto. Equivale al clásico mural de clase, pero en versión digital".

(Arrarte, 2011) "menciona que es un servicio que combina características de las redes sociales y de los servicios destinados a compartir recursos en línea, permite crear y compartir, a modo de collage multimedia, textos, imágenes, música, videos y enlaces."

(Alsina, 2009:103) "Glogster es una herramienta de la Web 2.0 que permite crear en línea carteles que pueden ser compartidos en Internet." Y para el presente estudio cabe señalar que se utilizó está herramienta.

¿Por qué se seleccionó la herramienta Glogster?

Debido a las características y bondades propias de la herramienta que de acuerdo a (Barroso, 2013) son:

Los pósters multimedia o "glogs quedan publicados en Internet, además las publicaciones pueden enviarse a otros personas, así como incluirlos dentro de un blog o Sitio Web, gracias al código HTML que nos proporciona la herramienta. Se puede publicar el glog de manera pública o privada, permite incorporar con facilidad textos, enlaces a otras páginas Web, fotografías, imágenes y archivos de audio o vídeo, tanto desde el ordenador como desde Internet. Permite grabar audio y vídeo desde la propia Web. No solo se pueden usar plantillas, sino que ofrece la posibilidad de empezar de cero a partir de una página en blanco, lo que no limita el diseño y creatividad. La elaboración de un glog es una tarea fácil e intuitiva, motivadora y divertida, al igual que ocurre cuando se crea un mural impreso, desarrolla la imaginación y la actitud creativa del alumno."

¿Qué es la multimedia?

De Acuerdo a Aedo (2009) es la integración de dos o más medios distintos y el ordenador personal. Los sistemas multimedia constituyen una nueva forma de comunicación que hace uso de diferentes medios como la imagen, el diseño, el texto, gráficos, voz, música, animación o vídeo en un mismo entorno. La presentación multimedia facilita utilizar la combinación óptima de medios para presentar la información en forma atractiva adecuada a situaciones específicas, manteniendo la atención del usuario y contribuyendo significativamente a facilitar y mejorar los procesos de enseñanza-aprendizaje. En la multimedia se concentran las diversas aportaciones de cada medio para un único fin: la transmisión de un concepto al usuario."

Uno de los objetivos del presente estudio era el aprendizaje a través del uso de multimedia.

¿Qué es el aprendizaje multimedia?

De acuerdo a Cristófol (2010) "el aprendizaje multimedia se define como aquel que recurre a una combinación de diferentes canales de comunicación (visual o auditivo) y a una diversidad de tipologías de información (textos, imágenes, animaciones, etc.) presentada de manera secuenciada, ya sea estática o dinámica. Por tanto, incluye desde sistemas de enseñanza interactiva on-line (e-learning) o móvil (m-learning), hasta proyecciones multimedia expositiva integradas en la sesión educativa del aula." Mayer (2005) "el aprendizaje multimedia hace referencia al aprendizaje que hace uso de palabras e imágenes".

3. Contexto

El presente estudio se realizó durante el calendario 2014B que abarcó los meses de agosto a diciembre y se está implementando de nueva cuenta, en el presente calendario 2015A que abarca los meses de enero a mayo, entre jóvenes universitarios de la carrera de Ingeniería en Computación y Licenciatura en Informática que cursaron y cursan las materias de Administración de Bases de Datos y Programación de Sistemas Multimedia que se imparte en el Centro Universitario de Ciencias Exactas e Ingenierías de la Universidad de Guadalajara. Las edades de los participantes son de 20 a 23 años. La cantidad de estudiantes involucrados en el presente estudio son 22 de Administración de Bases de Datos, 25 de Programación de Sistemas Multimedia durante el calendario 2014B y en el presente calendario 2015 "A" 22 de Administración de Bases de Datos y 24 estudiantes de la materia de Programación de Sistemas Multimedia el total de alumnos que participaron en este estudio es de 93.

4. Metodología

La metodología elegida consistió en una investigación-acción metodología cualitativa que consiste en una reflexión crítica sobre la práctica docente.

La investigación nace de la necesidad de que jóvenes universitarios, trabajaran con las Tics en todo el proceso de enseñanza-aprendizaje, pero con la integración de software online y gratuito, disponible gracias a la evolución del Internet, este software que permite la colaboración y la incorporación de multimedia en la generación de nuevos contenidos y que estos contenidos estén disponibles para más personas online.

Principalmente los jóvenes universitarios trabajaron integrando las TIC´s para generar pósters multimedia en las materias en las que se implementó la presente metodología.

5. Desarrollo

La estrategia didáctica en pasos.

Para la implementación del siguiente estudio se utilizó la siguiente estrategia, la cual consta de 6 pasos:

1. Selección de la herramienta a utilizar, en este estudio se utilizó Glogster.
2. Discutir y proporcionar información sobre un tema relevante para la materia, esto en horario de clase y la actividad corrió a cargo del profesor.
3. El profesor habilitó un foro en su Sitio Web, para que el estudiante publicará su glog o póster multimedia.
4. El estudiante en base a la información proporcionada por el profesor y la propia investigación del estudiante creo su glog o póster multimedia.
5. El estudiante presentó su glog en horario de clase, y publicó la liga a su glog en el foro del sitio Web del profesor. Cabe hacer la mención que el estudiante realizó su glog de forma libre, usando su creatividad, la información proporcionada por el profesor, la investigación propia que realizó, y decidió como estructurarla y presentarla en su glog.
6. Finalmente el profesor solicitó al estudiante ingresar a dos pósters o glogs de sus compañeros y comentar de forma constructiva el trabajo de sus compañeros en un foro del sitio Web del profesor.

Cabe resaltar que para la materia de Administración de Bases de Datos se trató el tema de Big data y para la materia de Programación de Sistemas Multimedia el tema se centró en la investigación de proyectos multimedia que han tenido impacto social, es importante mencionar que previamente el profesor proporcionó información sobre el tema al estudiante en horario de clase para el caso de las dos materias.

El desarrollo en imágenes.

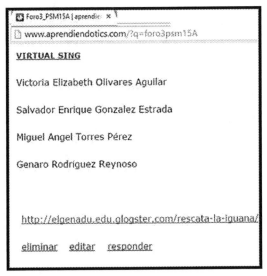

Imagen 1. Foro en el Sitio Web del profesor en el cual se publicaron los enlaces a los pósters multimedia para la materia de Programación de Sistemas Multimedia.

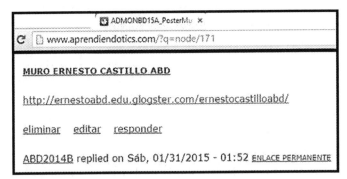

Imagen 2. Foro en el Sitio Web del profesor en el cual se publicaron los enlaces a los pósters multimedia para la materia de Administración de Bases de Datos.

Imagen 3. Póster desarrollado por estudiante universitario en la materia de Administración de Bases de Datos, con el tema Big data.

Imagen 4. Póster desarrollado por otro estudiante universitario en la materia de Administración de Bases de Datos, con el tema Big data.

Imagen 5. Póster desarrollado por equipos de estudiantes universitarios en la materia de Programación de Sistemas Multimedia, con el tema proyectos multimedia que han tenido impacto social.

Imagen 6. Póster desarrollado por otro equipo de estudiantes universitarios en la materia de Programación de Sistemas Multimedia, con el tema proyectos multimedia que han tenido impacto social.

Retroalimentación entre pares sobre los pósters multimedia.

El profesor habilitó un foro en su Sitio Web con la finalidad de que los estudiantes revisaran los pósters multimedia de los compañeros y comentaran su opinión sobre el trabajo de sus compañeros, a continuación los comentarios publicados en los foros.

MARISOL

Me parece que tiene la información completa de la aplicación y está bien diseñado :)

RODRIGO

Esta bien el mural en cuanto a la informacion, quiza lo mas correcto seria insertar el video de youtube mediante su codigo de insercion en lugar de insertar links ,tambien es bueno un poco jugar con los colores del mural para que sea mas llamativo al publico :).

CARLOS

Me parece que es un muro completo que explica en que consiste el proyecto, quienes lo desarrollan y el software usado, ademas de que el muro mantiene una buena presentacion y acomodo

JAIRO JOSE

Compañera su glogster cuenta con un excelente diseño, además la información que maneja en el es esencial e importante en el tema de Big Data.

6. Resultados

El número de estudiantes que participaron en este estudio es de 93 estudiantes, durante los calendarios 2014B y 2015A inscritos en las materias de Administración de Bases de Datos y Programación de Sistemas Multimedia.

En el calendario 2014B se crearon 27 pósters multimedia todos creados con la herramienta Glogster, esto debido a que en la materia de Programación de Sistemas Multimedia el glogster creado por los estudiantes se realizó por equipos de trabajo.

En el calendario 2015A se crearon 27 pósters multimedia, 26 de los cuales se crearon con la herramienta Glogster y 1 de los póster multimedia se creó con una herramienta llamada Murally con similares características y funcionalidades que ofrece la herramienta Glogster.

Así mismo los estudiantes contestaron las siguientes preguntas y se obtuvieron estos resultados:

- ¿Consideras que el desarrollo del póster multimedia ayudo a que entendieras el tema de la materia de forma?

Opciones	Cantidad de estudiantes
a)Excelente	24
b)Muy bueno	57
c)Bueno	10
d)Regular	2
e)Malo	0

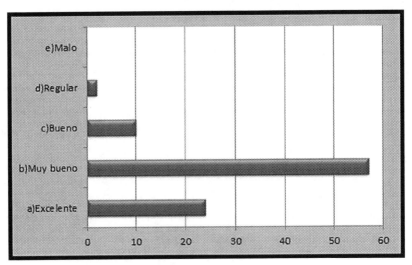

Imagen 7. Gráfica sobre la opinión del estudiante sobre el entendimiento del tema de las diferentes materias con la ayuda del desarrollo del glogster.

- ¿Qué contenido incluiste en el póster?

  1. 85 estudiantes utilizaron como contenido del póster texto, imágenes y vídeos.
  2. Y 8 estudiantes utilizaron solo texto e imágenes.

7. Conclusiones

61% de los estudiantes consideran que el póster multimedia ayudo a la comprensión del tema de las diferentes materias de forma muy buena, 25% considera que el desarrollo del póster multimedia ayuda de forma excelente a entender el tema de las diferentes materias y finalmente un 10% lo consideran bueno.

El 91 % de los estudiantes utilizaron contenidos multimedia para desarrollar el póster.

El 100% de los estudiantes consideran la herramienta Glogster como fácil de usar e intuitiva.

Desde la óptica del profesor, el desarrollo de los pósters contribuyó a que el estudiante se volviera el protagonista de su propio aprendizaje, aprendieran a investigar, a colaborar con otros para desarrollar contenidos y un producto final, de igual forma se volvió un crítico constructivo de su trabajo y del trabajo de otros, esto debido a los foros que se abrieron en el Sitio Web del profesor, mismos que permitieron crear un espacio de debate y evaluación entre pares. El profesor en el presente estudio tomo el rol de facilitador de información, recursos, herramientas y espacios, proporcionándole al estudiante lo necesario para cumplir con el objetivo de aprender, compartir y debatir sobre los temas propios de las materias que se abarcaron en este estudio.

8. Referencias

[1]   Aedo, I.; Díaz, P.; Sicilia, M.; Vara, A.; Colmenar, A.; Losada, P.; Mur, F.; Castro, A.; Peire, J. (2009). Sistemas Multimedia: Análisis, diseño y evaluación. Madrid: UNED.

[2]   Alsina, P.; Maravillas, D.; Ibarretxe, G. (2009). Libro 10 ideas clave. El aprendizaje creativo. Barcelona: Editorial Graó, pp. 103.

[3]   Arrarte, Gerardo. (2011). Las tecnologías de la información en la enseñanza del español. Madrid: Arco/LIBROS, S.L, pp 98-99.

[4]   Barroso, J.; Cabero, J. (2013). Nuevos escenarios digitales. Las tecnologías de la información y la comunicación aplicadas a la formación y desarrollo curricular. Madrid: Ediciones Pirámide (grupo Anaya, S.A.).

[5]   Cristófol, A.; Rivero, A. (2010). Didáctica de la historia y multimedia expositiva. Barcelona: Graó, pp. 11.

[6]   Jubany, Jordi. (2012). Aprendizaje social y personalizado: conectarse para aprender. Barcelona: UOC, pp. 104.

[7]   Mayer, R.E. (2005).The Cambridge Handbook of Multimedia Learning. Cambridge: Cambridge University Press

USO DE BLOGS COMO MEDIO PARA EL SEGUIMIENTO DE LOS APRENDIZAJES EN ESTUDIANTES UNIVERSITARIOS

Lotzy Beatriz Fonseca Chiu
Sofía de Jesús González Basilio

Resumen

El presente trabajo tiene como finalidad dar a conocer los resultados de trabajar con blogs construidos por estudiantes universitarios inscritos en el departamento de Ciencias Computacionales del Centro Universitario de Ciencias Exactas e Ingenierías de la Universidad de Guadalajara, de la carrera de Licenciatura en Tecnologías de Información del Sistema de Universidad Virtual de la Universidad de Guadalajara, y de la carrera de Ciencias de la Educación de la Universidad Autónoma de Nayarit. El uso de estas herramientas tiene como propósito dar seguimiento a los aprendizajes obtenidos por los estudiantes en los diversos espacios de formación.

Palabras claves: Blog, Bitácoras de aprendizaje y Seguimiento de aprendizajes.

Using blogs as a means for tracking learning in college students

Abstract

The paper aims to present the results of working with blogs. Blogs built by University students enrolled in the Department of Computer Science of the University Center for Science and Engineering at the

University of Guadalajara, the Bachelor in Information Technology System of Virtual University, University of Guadalajara, and career educational science at the Autonomous University of Nayarit. The uses of these tools are intended to monitor the learning achieved by students in the various areas of training.

Keywords: Blog, Learning log and Learning monitoring.

1. Introducción

Internet se ha convertido en parte importante en los procesos educativos que se generan en las instituciones educativas y es reconocido como un vehículo de comunicación global; ha permitido el surgimiento de nuevas herramientas que podrían servir como recurso para potenciar el aprendizaje de los estudiantes. Entre las múltiples herramientas que las nuevas tecnologías ponen a nuestra disposición, el blog es, por sus características, un excelente instrumento para ser utilizado en un entorno académico.

Las nuevas tecnologías de la información y comunicación (TIC´s) han estado incursionando en el ámbito educativo a partir del uso que le dan los diversos actores del proceso educativo, propiciando nuevas formas de abordar los procesos de enseñanza y aprendizaje. En caso específico de este estudio de caso se han utilizado los blogs como una herramienta de seguimiento a los aprendizajes adquiridos por estudiantes universitarios de distintas universidades y áreas académicas, lo que contribuyó a que los resultados fueran diferentes pero muy enriquecedor dentro cómo y bajo qué circunstancias se deben de utilizar este tipo de herramientas para el logro de los objetivos propuestos tanto del espacio formativo como en el aprendizaje de los estudiantes.

Los grupos de estudiantes pertenecen a la Universidad de Guadalajara y la Universidad Autónoma de Nayarit, dos instituciones que si bien comparten un poco de historia y de apoyo académico en sus diferentes procesos también es cierto que cada una de ellas tiene sus particularidades.

El blog es una poderosa herramienta que favorece el aprendizaje en los estudiante, el logro de lo anterior dependerá de la dinámica que el docente implemente en su uso, además es importante destacar que el blog puede ser considerado como un e-portafolio o portafolio digital como suele llamarse, para efectos de este estudio el blog se utiliza como un diario de aprendizaje en el que el estudiante plasma sus experiencias de aprendizaje, inquietudes, procesos y conclusiones de las sesiones previamente realizadas en espacios presenciales.

2. Referentes teóricos

El uso de las herramientas tecnológicas como un elemento que permite el desarrollo de la educación virtual, ha generado el diseño de una serie de estrategias de aprendizaje caracterizadas por generar ambientes de aprendizaje desde la colectividad. El blog se ha utilizado como una herramienta en la cual se pueden hacer publicaciones diarias, con un orden cronológico de archivos y la posibilidad de insertar un sistema de comentarios para que los lectores puedan participar (Álvarez, 2009).

El blog es una herramienta que nos permite crear, recrear y compartir información en la red ya sea de forma individual o como colectivo, esto depende de cómo se organice y los fines que se tienen. Es importante mencionar que éste se alimenta a través de las aportaciones que se hacen y de capacidad de los autores de alimentarla, sin duda genera redes de aprendizaje.

Un usuario puede producir información, pues éste se constituye como un lugar de lectura y escritura. Mediante el cual el estudiante publica sus experiencias, basándose en conocimientos presentes y pasados. De acuerdo con Ormrod (2003) "el aprendizaje se forma construyendo nuestros propios conocimientos desde nuestras propias experiencias", las experiencias constituyen la base que permiten a los estudiantes construir sus propios aprendizajes, sin embargo no es un aprendizaje en solitario sino colectivo y viceversa.

Desde la teoría histórico social de Vigotsky el uso del blog se consolida como una herramienta que permite que "el sujeto deja de ser un receptáculo pasivo o un ente meramente reactivo [...], se sostiene que lo que se conoce es el producto de la actividad cognitiva, experiencial o subjetiva del sujeto" (Balbi, 2004), pero además al dejarlo disponible a través de la red, resulta más interesante lo que se puede lograr en ello cuando se comparte y retroalimenta con y para los demás. Aun cuando el aprendizaje sea producto de esas relaciones entre sujetos activos, es importante mencionar que actualmente se cuenta con una amplia gama de recursos tecnológicos que sirven de apoyo en la expansión de la información y el conocimiento, lo que resulta en la construcción de redes.

De acuerdo con la teoría del conectivismo "el aprendizaje y el conocimiento dependen de la diversidad de opiniones [...]" y es considerado como un "modelo de aprendizaje en el que se reconoce los movimientos tectónicos en una sociedad en donde el aprendizaje ha dejado de ser una actividad interna e individual" (Siemens, 2010:85), así mismo ha dejado de ser exclusivo para unos cuantos, por esta capacidad que el aprendizaje puede residir en dispositivos no humanos, el blog como herramienta precisamente se sitúa y genera dentro de estos dispositivos que configuran redes de aprendizaje y elimina las barreras de tiempo y distancia entre las personas.

3. Objetivos y preguntas de investigación

Objetivos.

Los objetivos de la investigación son:

1. El estudiante desarrollará competencias digitales, uso de Internet, creación de un blog para publicar contenidos multimedia (texto, imágenes y audio).
2. El estudiante entenderá cuál es su avance en la comprensión de la materia.
3. El aprendiente podrá compartir a través del blog su conocimiento con otros a través de la red mundial que significa Internet.
4. El profesor podrá realizar de una mejor forma el seguimiento del aprendizaje del estudiante lo que facilitará su labor.
5. El profesor podrá realizar una evaluación continua del avance del estudiante.

Preguntas de investigación.

Las preguntas de la investigación son:

1. ¿El uso de blogs permitirá al estudiante entender cuál es su avance en su propio aprendizaje?
2. ¿El uso de blogs permitirá hacer un correcto seguimiento del aprendizaje del estudiante y esto facilitará la tarea del profesor?
3. ¿El uso de blogs servirá para realizar una evaluación continua del avance del estudiante?

4. Participantes

Estudiantes Universitarios de las carreras de Ingeniería en Computación y Licenciatura en Informática adscritos al Departamento de Ciencias Computacionales del Centro Universitario de Ciencias Exactas e Ingenierías de la Universidad de Guadalajara y que agendaron la materia de Taller de Bases de Datos en el calendario 2013B. La materia de Taller de Bases de Datos en el calendario 2013B se conformó de 22 estudiantes, 19 hombres y 3 mujeres.

Estudiantes de la carrera de Ciencias de la Educación de la Universidad Autónoma de Nayarit en modalidad semiescolarizada, quienes cursaban la unidad de aprendizaje de Teoría Curricular situada en el 4to periodo del plan de estudios, la cantidad de estudiantes fueron 22. El grupo seleccionado comparte ciertas características muy particulares; el promedio de edades oscila entre los 19 y 50 años; un 60% trabajan y un 70% provienen de diferentes municipios del estado de Nayarit. Un 40% tanto de hombres como mujeres son padres y madres de familia, además el desarrollo de habilidades digitales en un 40% de los integrantes del grupo cuenta con conocimientos básicos.

5. Metodología

Este proyecto se sustenta en el estudio de caso el cual es una "herramienta valiosa de investigación y su mayor fortaleza radica en que a través del mismo se mide y registra la conducta de las personas involucradas en el fenómeno estudiados" (Yin, 1989). Algunas características del estudio de caso es que:

1. Permite estudiar un tema, situación, fenómeno determinado.
2. La exploración es una de sus finalidades pues ésta permite tener un conocimiento más amplio y profundo de lo estudiado.

Este tipo de estudios es adecuado al planteamiento del trabajo realizado, pues la diversidad de los sujetos partícipes es notoria, debido a que son contextos institucionales contrastantes y los mismos estudiantes son de diferentes lugares y de condiciones económicas, familiares y culturales variadas. En este sentido el estudio de caso es muy enriquecedor pues permite conocer a profundidad aquellas variables que inciden en el cumplimiento o no de los objetivos planteados y analizar una misma situación desde diferentes realidades educativas.

El estudio es una investigación-acción participativa, la cual plantea involucrar a los miembros del grupo o comunidad en todo el proceso del estudio, desde que se plantea el problema hasta la definición de las acciones producto de la indagación donde principalmente los estudiantes usan la computadora y publican lo aprendido en clase en forma semanal en el blog.

La estrategia didáctica en pasos.

La estrategia consta de 5 pasos:

1. Al inicio del curso, el profesor responsable de los diferentes grupos de estudio, proporcionó al estudiante un vídeo en YouTube sobre la creación y uso de un blog.
2. El estudiante creó su blog con sus datos, nombre, materia, entre otros como primera publicación.
3. El profesor semana a semana asignó al estudiante una actividad que se publicaría en el blog en base a la materia o unidad de aprendizaje correspondiente.
4. El estudiante publicó la actividad solicitada en el blog personal y el docente retroalimento el trabajo desarrollado de tal

forma que se generará una vía de comunicación y discusión asincrónica con los estudiantes.

5. El blog se evalúo como parte de la calificación final del estudiante.

Recursos tecnológicos y didácticos.

Los recursos tecnológicos y didácticos:

1. Tecnológicos
   1.1. Computadora.
   1.2. Internet.
   1.3. Herramientas de Google Plus

2. Didácticos
   2.1. Recursos e información previa proporcionada por el profesor en clase, sobre la que el estudiante trabajo para realizar las actividades publicadas en el blog.

6. Detectando los tipos de publicaciones realizadas en los blogs

Texto, imágenes, podcast, esquemas, ligas a sitios Web (ligas a archivos en discos duros virtuales como Box, Dropbox y Skydrive).

7. Imágenes de los blogs construidos por los estudiantes

Blogs de la materia de Taller de Base de Datos.

Blogs de la materia de Teoría Curricular.

8. Resultados

Los resultados obtenidos en este estudio de caso resulta muy interesante dado los contextos en los que fueron implementados, pero sobre todo por la diversidad de información obtenida como parte de las experiencias de aprendizaje de los estudiantes frente al uso de los blogs.

Un resultado importante es el trabajo entre las profesoras de diferentes universidades, en este caso el UDG (CUCEI) y la UAN, y resaltar que la estrategia fue bien acogida por los estudiantes de diferente áreas del conocimiento, las Ciencias Computacionales y las Ciencias de la Educación, resultado que nos invita a pensar que es posible trabajar de forma interinstitucional y en diferentes áreas del conocimiento con la estrategia de utilizar un blog como medio de seguimiento del aprendizaje de estudiantes de diversas áreas.

Se realizó una encuesta sencilla con el objetivo de conocer la opinión de los estudiantes sobre el uso del blog obteniendo los siguientes resultados:

1. ¿La publicación de prácticas, contenidos y experiencias de aprendizaje a sitios externos en el blog te pareció una forma de trabajo?

    •   a) Excelente b)Muy Buena c)Buena d)Regular e)Mala

Pregunta 1	Resultados CUCEI	Resultados UAN	Totales	Porcentajes totales
Excelente	12	7	19	43.2
Muy Buena	6	6	12	27.3
Buena	4	5	9	20.4
Regular	0	3	3	6.8
Mala	0	1	1	2.3
Total de estudiantes	22	22	44	

Si se engloba en una totalidad de los resultados referente a esta pregunta, es importante considerar que al integrar las primeras tres escalas, el 90.9% de los estudiantes consideraron positivo el uso del blog a partir del planteamiento realizado y solo en el caso de la UAN el 2.3 (un estudiantes) considero su utilización en un aspecto negativo. Las razones o circunstancias de los porcentajes obtenidos en las opciones de regular y mala pueden ser bastantes pero de acuerdo a lo percibido se debe tanto a la falta de una cultura al uso de las TIC´s e incluso donde cuestiones relacionadas a la falta de acceso a Internet como un equipo de cómputo fueron motivos por los cuales se pueden atribuir a estos resultados.

2. En el blog, ¿Qué tipo de contenido publicaste?

- De acuerdo con los estudiantes del CUCEI el 95 % de los estudiantes publicaron cuestiones relacionadas a:

  o Texto, imágenes, código SQL, diagramas, esquemas y ligas a sitios externos.

- El otro 5% publicó sólo algunos de los contenidos mencionados anteriormente, no todos los anteriores.
- En el caso de los estudiantes de la UAN, el 100% solo se remitieron a publicar las actividades que el profesor les pedía en las diferentes sesiones, las razones mediante las cuales derivaron en ello fueron:

  o Este ejercicio se consideró como el primer acercamiento de manera directa con el uso de herramientas tecnológicas pero sobre todo con la creación e interacción del uso del blog.
  o La falta de desarrollo de habilidades digitales, propiciando poco interés por la exploración de esta herramienta en pro de su aprendizaje.

3. ¿Qué herramientas de software utilizaste para crear el contenido publicado en el blog?

- Prezi, SQL Server, Dia, Oracle, Notepad, PowerPoint, Word, MySQL, Vision, Spreaker, Excel, Box, Windows Media, Bloc de notas.
- Solo las que ofrecía la herramienta de Google Plus.

4. ¿Consideras que contribuyó a tu formación el uso del blog y que además permitiese un seguimiento en el logro de aprendizajes?

Desarrollo y seguimiento en el aprendizajes	Resultados CUCEI	Resultados UAN	Totales
SI	22	20	42
No	0	2	2
Total	22	22	44

De acuerdo a esta pregunta que resulta relevante para el estudio realizado debido a que el uso de blogs dentro del proceso formativo resulta en una herramienta muy interesante en el seguimiento de los aprendizajes de los estudiantes, es importante tomar en cuenta que las condiciones y situaciones individuales de los sujetos de aprendizaje ante el uso de las TIC´s.

9. Conclusiones

En el marco de las políticas educativas tanto a nivel nacional e internacional, la integración de las TIC´s en los procesos formativos ha tomado un gran impulso, contribuyendo a la actualización o modificación de la práctica áulica, así también provocando algún tipo de resistencia. Pero dentro de las bondades que se pueden definir con claridad es que éstas contribuyen al logro del trabajo académico interinstitucional en el aula de clases, para el caso de esta experiencia el uso del blog ha resultado un estudio muy interesante que sin duda deja abierta muchas posibilidades para la potencialización de los aprendizajes de los estudiantes y que en ese sentido el docente siga en la generación de procesos de formación como mediador y no como figura central del proceso.

Un logro importante de resaltar en este trabajo fue la posibilidad de trabajar con la misma estrategia didáctica en dos materias de diferentes áreas del conocimiento en este caso las Ciencias Computacionales y las Ciencias de la Educación y en dos contextos institucionales muy diferentes, lo que nos invita a pensar que es posible aplicar esta estrategia en diversas áreas obteniendo resultados alentadores.

Es importante ofrecer el seguimiento puntual al proceso de enseñanza-aprendizaje de los estudiantes, implementar las TIC's en el proceso le agrega un alto valor a la práctica docente, ya que no solo se "enseña" lo que se solicita en los programas de estudios y a través de las estrategias previamente determinadas, sino que ahora las TIC's constituyen un recurso muy interesante de integrar a los procesos formativos, contribuyendo de manera indirecta a que los estudiantes adquieran diferentes tipos de habilidades digitales.

Sin duda el contexto y las particularidades de cada uno de los estudiantes determina el grado de aprovechamiento de las TIC's en su aprendizaje de ahí lo interesante de este estudio y es importante establecer que el recurso tecnológico en este caso el blog por sí solo no constituye el elemento transformador o la varita mágica para la potencialización de los aprendizaje sino que el uso de dichos recursos debe de ir acompañado de todo un planteamiento pedagógico y didáctico.

10. Referencias

[1] Álvarez Alfredo. (2009). La Web 2.0 como recurso para la enseñanza del francés como lengua extranjera. México: Gráficas Arial.

[2] Balbi, J. (2004). La mente narrativa. Buenos Aires, Argentina. Paidós.

[3] Ormrod, J. E. (2003). Educational Psychology: Developing Learners. Fourth Edition.

[4] XXIV Simposio Internacional de Computación en la Educación. Inteligencia colectiva en la era digital. Romero, P. (Octubre 2008). Uso del blog como recurso para la docencia. Recuperado de http://www.slideshare.net/guestd3a0d3/el-uso-del-blog-como-recurso-para-ladocencia-presentation

[5] Siemens, G. (2010). Conectivismo: Una teoría de aprendizaje para la era digital. Aparici, R. (Coordinador). Conectados en el ciberespacio (77-90). Madrid: Universidad Nacional de Educación a Distancia. Recuperado de http://books.google.es/books?hl=es&lr=&id=JCBOjleuU_oC&oi=fnd&pg=PA77&dq=teor%C3%ADa+del+conectivismo+george+siemens&ots=riCxZrGFPG&sig=cHha85hAcjdbDgoAGp_FyTjB28M#v=onepage&q=teor%C3%ADa%20del%20conectivismo%20george%20siemens&f=false

[6] Yin, R. K. (1984/1989). Case Study Research: Design and Methods, Applied social research Methods Series, Newbury Park CA, Sage.

[7] UNESCO. (2013). Enfoques estratégicos sobre las TIC's en Educación en América Latina y el Caribe. Chile: UNESCO.

USANDO PADLET COMO PORTAFOLIO DIGITAL, PARA EVALUAR EL PROCESO DE ENSEÑANZA-APRENDIZAJE DE JÓVENES UNIVERSITARIOS

Lotzy Beatriz Fonseca Chiu
Jorge Lorenzo Vásquez Padilla
María Elena Romero Gastelú

Resumen

Este trabajo tiene como finalidad difundir los resultados de utilizar la herramienta Padlet para generar portafolios digitales, en el que jóvenes universitarios de las carreras de Licenciatura en Informática, Ingeniería en Computación y Licenciatura en Química, publicaron prácticas, imágenes, tareas, investigaciones y ligas o enlaces a sitios externos, con la finalidad de seguir y evaluar el proceso de enseñanza-aprendizaje de los jóvenes universitarios, en las materias de Administración de Bases de Datos, Tópicos Selectos de Informática I (Comercio Electrónico) y Manejo de Bases de Datos en los ciclos escolares 2014A, 2014B y 2015A y con esto fomentar el desarrollo de competencias tecnológicas propias del uso de la herramienta de la Web 2.0 llamada Padlet y de las materias que se imparten en el Centro Universitario de Ciencias Exactas e Ingenierías (CUCEI) de la Universidad de Guadalajara.

Palabras clave: Padlet, Portafolios, Evaluar, Jóvenes Universitarios.

Using the tool as portfolio Padlet to evaluate the teaching and learning of University students

Abstract

This work aims to disseminate the results of using the tool to generate Padlet portfolios, in which University students of engineering careers in computing, published practices, images, tasks, research and links or links to external sites, in order to monitor and evaluate the process of learning of University students, in the areas of database administration and database management in the school years 2014A, 2014B and 2015A and thereby encourage the development of technological skills own use of the Web 2.0 tool called Padlet and the subjects taught at the University Center of Exact Sciences and Engineering (CUCEI) of the University of Guadalajara.

Keywords: Padlet, Portfolios, Evaluate, University students.

1. Introducción

El incorporar las nuevas tecnologías de información y comunicación a las actividades académicas ha transformado las formas de trabajar y de organizar actividades didácticas, de igual forma ha modificado los hábitos del pensamiento y la forma de relacionarnos y comunicarnos en un ambiente educativo, así como la manera en que se genera y se maneja la información y el conocimiento.

Es así que incorporar la tecnología para supervisar el proceso de enseñanza-aprendizaje de jóvenes universitarios a través de e-portafolios les ha permitido a los estudiantes aprender de manera más rápida de una forma constante y más independiente por descubrimiento y de forma colaborativa, así mismo dejar evidencia de su propio avance en este tipo de repositorios e histórico de actividades que son muestra también del progreso académico del estudiantes en un espacio de tiempo.

A los profesores involucrados en este estudio nos ha permitido supervisar, retroalimentar y ver de forma completa el avance y desempeño de los estudiantes además de dejar evidencias digitales del progreso de los estudiantes en un ciclo escolar.

2. Referentes teóricos

¿Qué es la herramienta Padlet?

De acuerdo a Aranda (2014) "Padlet facilita el intercambio ágil de ideas entre los miembros del equipo, además de permitir la inclusión de notas o posts con texto, imagen, audio o video."

Solomon (2014) "Padlet es una herramienta fácil de usar con solo "arrastrar y soltar" se puede publicar un trabajo y con muy poco esfuerzo, toma literalmente segundos crear una página Web dinámica y colaborativa."

¿Qué son los e-portafolios?

Barberá (2008) menciona que el e-portafolio puede ser: "un currículo vitae, un motivo de reflexión en la acción, una presentación de materiales concretos, un contenido seleccionado, una herramienta de desarrollo personal, una narración de lo importante, una evolución evidente, un software de procedimientos acumulativos, un diario personal, un repositorio individual o colectivo, una evidencia de mejora, una galería de experiencias, un resumen de los mejores trabajos, un informe laboral amplio, un sistema de gestión de la información, un brevario temático, un calendario documentado de progreso.

Un e-portafolio es un sistema digital que permite a los usuarios documentar competencias, eventos, planes o productos que son relevantes para ellos, así como también dejar de manifiesto su evolución a lo largo del tiempo elegido. Esta demostración seleccionada se evidencia mediante muestras documentales. Este sistema está controlado por el usuario y permanece abierto a lo largo del tiempo por lo que permite revisiones y actualizaciones continuas."

Carmona (2009) "un e-portafolio es una colección de evidencias electrónicas estructuradas y gestionadas por los usuarios, pueden contener: productos digitales de aprendizaje, información personal, competencias del propietario, metas y logros, actividades emprendidas o planificadas, preferencias de accesibilidad, intereses y valores, reflexiones, afirmaciones y comentarios, resultados de test y exámenes, información de actividades emprendidas y planeadas, presentaciones construidas."

De acuerdo a Mellado (2007) "El e-portafolio puede analizarse desde distintas dimensiones: Recurso pedagógico, inclusión y revisión de evidencias, intervención en el aula, instrumento de evaluación, etc. El objetivo del e-portafolio puede ser autoevaluar, documentar el aprendizaje a lo largo del tiempo, documentar el desarrollo profesional, evaluación, acreditación para promoción, presentación de logros, reflexión, etc."

Existen diferentes tipos de e-portafolios, pero para el caso del presente estudio se utilizó un e-portafolio académico.

¿Qué es la evaluación?

García (1989) "La evaluación es una actividad o proceso sistemático de identificación, recogida o tratamiento de datos sobre elementos o hechos educativos, con el objetivo de valorarlos primero y, sobre dicha valoración, tomar decisiones."

Es así como los e-portafolios nos permitieron tener esa recogida de actividades en un proceso sistemático que nos permitía tener los elementos educativos para valorarlos y tomar decisiones.

¿Por qué utilizar e-portafolios como estrategia de evaluación?

De acuerdo a Barragán (2005) "El portafolio como técnica de evaluación permite, evaluar tanto el proceso como el producto, además de motivar al estudiantes a reflexionar sobre su propio aprendizaje, desarrollar destrezas colaborativas entre el alumnado, promover la capacidad de resolución de problemas y proveer a los profesores de información para ajustar los contenidos del curso a las necesidades de los estudiantes."

3. Contexto

El estudio se realizó durante el calendario 2014A, 2014B y 2015A entre jóvenes universitarios de las carreras de Licenciatura en Informática, Ingeniería en Computación y Licenciatura en Química que cursaron las materias de Administración de Bases de Datos, Tópicos Selectos de Informática I (Comercio Electrónico), Estructura de Archivos, Estructura de Datos I y Manejo de Bases de Datos, materias que se impartieron en el Centro Universitario de Ciencias Exactas e Ingenierías de la Universidad de Guadalajara. En el calendario 2014B participaron 257 estudiantes en este estudio y en el calendario 2015A participaron 69 estudiantes y en total participaron 326 estudiantes.

4. Metodología

La metodología elegida consistió en una investigación-acción metodología cualitativa que consiste en una reflexión crítica sobre la práctica docente.

La investigación partió de la necesidad de que los estudiantes contaran con un e-portafolio en el cual incluir los trabajos, prácticas, investigaciones, esquemas, diagramas, mapas mentales, proyectos, etc. desarrollados para las materias de Administración de Bases de Datos y Manejo de Bases de Datos. Pensando en esto y en incluir una herramienta online y gratuita que pudiera cumplir con esta función es que se decide implementar está investigación. Así es como los profesores involucrados en el presente estudio investigamos herramientas online y gratuitas disponibles por Internet que tuvieran como características ser de fácil acceso, así que un estudiante con cualquier dispositivo conectado a Internet pudiera tener acceso a esta herramienta, además otra característica necesaria sería el que pudieran compartir la información, pero que a la vez está herramienta seleccionada contará con niveles de privacidad y personalización, es así como seleccionamos la herramienta Padlet por cumplir con nuestras necesidades para este estudio.

5. Pasos para implementar los muros virtuales

A los estudiantes se les facilitó un manual del uso de Padlet.

Se crearon portafolios digitales usando la herramienta Padlet tanto de forma individual como de forma colaborativa en equipos de máximo tres estudiantes.

Los portafolios digitales contaban con la siguiente estructura:

- Datos que identificaban a los autores del portafolio digital (código, nombre completo del estudiante, etc.).
- Selfie de los integrantes del equipo de autores del portafolio digital (misma selfie que los estudiantes se tomaron en clase presencial) o fotografía del autor para el caso de los portafolios individuales.
- En el contenido del portafolio digital: Los estudiantes publicaron tanto actividades en clase como investigaciones, documentos de Word, archivos .pdf, archivos en formato .zip que contenían prácticas o proyectos desarrollados en clase o fuera del horario de clase, imágenes, mapas mentales, enlaces a sitios Web externos, y los contenidos eran relativos a los temas y subtemas del programa de estudio de la materia en que los estudiantes estuvieran inscritos.
- Finalmente la URL o el enlace al portafolio digital era publicado por los estudiantes a través de foros en el Sitio Web de los profesores.
- Se solicitó a los estudiantes revisar los portafolios de otros compañeros y comentar sobre el trabajo de sus compañeros en los foros habilitados en el Sitio Web del profesor (retroalimentación entre pares).

El portafolio digital era revisado por el profesor semanalmente.

6. Imágenes de los muros virtuales utilizados como e-portafolios por estudiantes universitarios

Imagen 1. Estructura de un e-portafolio materia de Manejo de Base de Datos.

Imagen 2. Foro en el Sitio Web del profesor en donde los estudiantes publicaron los enlaces a sus e-portafolios, incluidos datos como nombre del equipo, los nombres de los integrantes del equipo y el enlace a su e-portafolio construido con Padlet.

Imagen 3. E-portafolio desarrollado por estudiantes universitarios para la materia de Administración de Bases de Datos.

Imagen 4. E-portafolio desarrollado por estudiantes universitarios para la materia de Administración de Bases de Datos.

Imagen 5. E-portafolio desarrollado por estudiantes universitarios para la materia de Tópicos Selectos de Informática I (Comercio Electrónico).

Imagen 5. E-portafolio desarrollado por estudiante universitario para la materia de Estructura de Datos I.

7. Resultados

Se crearon 275 e-portafolios y 13 foros en el Sitio Web del profesor y participaron 326 estudiantes. Cabe resaltar que en algunas materias se trabajaron los e-portafolios colaborativamente, esto es, los estudiantes formaron equipos para editar los e-portafolios.

Las ventajas obtenidas de usar e-portafolios desde el punto de vista del estudiante fueron:

- El estudiante pudo salvar su experiencia educativa en el ciclo escolar.
- El estudiante creo un plan online de trabajo y de estudio.
- El estudiante tuvo un panorama integral de los logros alcanzado en el ciclo escolar.
- El estudiante logro involucrarse de una manera más activa en su proceso de enseñanza-aprendizaje.

Las ventajas obtenidas de usar e-portafolios desde el punto de vista de los profesores fueron:

- El e-portafolio ayudo a los profesores en la planificación del proceso de enseñanza-aprendizaje utilizando una metodología de trabajo que permite ir desarrollando las actividades y además se van presentando y comentado a través del e-portafolio.
- Los profesores revisaron las actividades a través del e-portafolio y pudieron obtener las evidencias digitales necesarias de los estudiantes para avanzar en los procesos administrativos solicitados por su centro escolar.
- Los profesores pudieron evaluar los logros alcanzados por los estudiantes a través de la revisión de las actividades, prácticas, proyectos, investigaciones, presentadas a través del e-portafolio.
- Los profesores pudieron obtener una visión integral de las actividades llevadas a cabo en el ciclo escolar, lo que les permitirá afinar actividades, agregar actividades, en general mejorar su práctica educativa.

Como resultado de la revisión que los estudiantes hicieron a otros e-portafolios realizados por sus compañeros (retroalimentación entre pares) obtuvimos los siguientes comentarios que fueron publicados en foros habilitados en el Sitio Web del profesor:

JORGE IVÁN

Observe la informacion de Fernanda Carolina Vasquez :

Los Software que investigo son:

Hadoop, CouchDB,Hortonworks, Cloudera.

Me parecio que su informacion y los requerimientos de cada una estan completos, como No SQL Cassandra, maPr muy breve y completo.

Pero creo que le falto la investigacion de otros software especificados.

Pero de ahi en mas, la informacion esta excelente

LUIS EDUARDO

Observe la informacion de Jorge ivan salas.

Me parecio que le dedico tiempo y mucha organizacion a su trabajo.

Su informacion es muy buena y facil de enterder, felicidades jorgito.

EDUARDO DE JESUS

Revise la informacion de la Tarea de mi compañera Karen Gutierrez su informacion esta muy completa y se me hizo muy facil de entender y analizar. El sofware que mas me llamo la atencion fue el de Apache Cassandra ya que es un motor de Big Data que manejan las Redes Sociales.

Revise al al Compañero Luis Eduardo Caldera   esta muy bien la informacion , investigo varios software de Big Data junto con sus caracteristicas . Simplemente Detalles esteticos que no se distinguen muy bien cada software en el archivo e hicieron falta imagenes para hacer referencia al Tema.

JOSÉ CRUZ VEGA

Bueno, yo visite el padlet del equipo eagle y encontré la busqueda binaria aunque creo que les falta ponerle nombre a sus archivos, pero igual me pareció bien, por que esta explicado primeramente con sus palabras, después un ejemplo con un codigo igual me parece que le faltaria un poco más sobre la definición formal de la busqueda binaria y explicar el codigo del programa.

CUITLAHUAC

El primer padlet que visite fue el de   Adrián Alejandro, y su exposicion fue del metodo de ordenamiento de Quicksort, a primera instancia me gusto su manera de decorar los archivos, y explica muy bien la manera en que funciona ese metodo y me agrado que pusiera quien fue el autor de ese metodo. Tambien agrego un pseudocodigo lo cual me parece muy bien, ya que sirve para entender de mejor manera el codigo.

8. Conclusiones

Los profesores consideramos que es una buena estrategia implementar los e-portafolios como una manera eficiente de llevar un acompañamiento de los estudiantes en su proceso de enseñanza-aprendizaje, además de que obtuvimos buena respuesta por parte de los estudiantes y podemos concluir esto debido a que todos los estudiantes participaron creando su e-portafolio, incluso los estudiantes que no son del área de Ciencias Computacionales, los estudiantes de Licenciatura en Química crearon sus e-portafolios sin mayor contratiempo con la herramienta Padlet. Los profesores contamos con la posibilidad de evaluar a los estudiantes a partir de las actividades, trabajos, prácticas, investigaciones, etc., publicadas por los estudiantes en los e-portafolios, observamos los logros de los estudiantes a partir de sus publicaciones en los e-portafolios y nos ayudó a avanzar en el proceso administrativo de la recolección de evidencias digitales para entregar a nuestros respectivas academias, las razones anteriores nos motivan a seguir implementando está estrategia de construcción de e-portafolios en futuros ciclos escolares.

9. Referencias

[1]   Aranda, D. (2014). Educación, medios digitales y cultura de la participación. Barcelona: UOC.

[2]   Barberá, E. (2008). El estilo e-portafolio. Barcelona: UOC.

[3]   Barragán, R. (2005). El portafolio, metodología de evaluación y aprendizaje de cara al nuevo espacio Europeo de Educación superior. Una experiencia práctica en la Universidad de Sevilla. Revista Latinoamericana de Tecnología Educativa, 4(1), 121-139. Disponible el 21/10/2015 en http://dialnet.unirioja.es/servlet/articulo?codigo=1303745

[4]   Carmona, E. (2009). Tecnologías de la Información y la comunicación. Ambientes Web para la calidad educativa. Colombia: Armenía, Quíndio.

[5]   García, J. (1989). Diagnóstico, evaluación. Madrid: Síntesis.

[6]   Mellado, M.E. (2007). Portafolio en línea: una herramienta de desarrollo y evaluación de competencias en la formación docente. Educar, n° 40, pp. 69-89.

[7]   Solomon, G. (2014). Web 2.0. How to for educators. Washington, DC: International Society for Technology in Education.

CREANDO MAPAS MENTALES USANDO MINDMEISTER ENTRE JÓVENES UNIVERSITARIOS

Lotzy Beatriz Fonseca Chiu
Sofía de Jesús González Basilio
Jorge Lorenzo Vásquez Padilla

Resumen

Este trabajo tiene como finalidad difundir los resultados de utilizar la herramienta MindMeister para crear mapas mentales entre los jóvenes universitarios de las carreras de Ingeniería en Informática y Licenciados en Químico Farmacobiológo con la finalidad de que reforzaran los temas vistos en clase en las materias de Manejo de Bases de Datos y Control de Proyectos en el ciclo escolar 2015B y con esto fomentar el desarrollo de competencias tecnológicas propias del uso de la herramienta de la Web 2.0 llamada MindMeister y de las materias que se imparten en el Centro Universitario de Ciencias Exactas e Ingenierías (CUCEI) de la Universidad de Guadalajara.

Palabras clave: Mapas Mentales, MindMeister, Jóvenes universitarios.

Creating mind maps using MindMeister among University students

Abstract

This paper aims to disseminate the results of using MindMeister mind map tool to create among University careers in Computer Science and engineering graduates in Chemical Pharmaco order that reinforce the topics covered in class in Management Subjects Databases and

Control Projects in the 2015 school year, "B" and thereby encourage the development of own technological skills of using Web 2.0 tool called MindMeister and the subjects taught at the University Center of Sciences and Engineering (CUCEI) of the University of Guadalajara.

Keywords: Mind Mapping, MindMeister, University students.

1. Introducción

El incorporar las nuevas tecnologías de información y comunicación a las actividades académicas ha transformado las formas de trabajar y de organizar actividades didácticas, de igual forma ha modificado los hábitos del pensamiento y la forma de relacionarnos y comunicarnos en un ambiente educativo, así como la manera en que se genera y se maneja la información y el conocimiento.

En este sentido, el uso de la tecnología se integra como un mediador y fortalecedor del proceso de enseñanza-aprendizaje de jóvenes universitarios, en el caso específico de este artículo el uso de la tecnología incorpora la creación de mapas mentales, con la herramienta de la Web 2.0 MindMeister, la cual ha permitido que los estudiantes aprendan y refuercen el conocimiento de los temas vistos en clase, relacionados con las materias de Manejo de Bases de Datos y Control de Proyectos, de una forma más independiente y por descubrimiento, así mismo ha permitido la colaboración de los estudiantes que dejan evidencia de su propio avance y aprendizaje de una forma digital.

2. Referentes teóricos

Los mapas mentales constituyen una estrategia de aprendizaje, en donde el estudiante integra diferentes habilidades del pensamiento, como la capacidad de síntesis, sintaxis y de creatividad, de tal forma que lo plasmado en el mapa mental de manera gráfica es resultado del procesamiento de información, integrando experiencias de aprendizaje o conocimientos previos y con ello un aprendizaje más significativo para los estudiantes o cualquier persona que haga uso de ellos.

En congruencia con lo anterior, los mapas mentales "presentan un marco integrado por la confluencia de tres grandes dimensiones:

la actividad cerebral, el pensamiento irradiante y el enfoque de aprendizaje holístico o total" (Ontoria, Gómez y Luque, 2006, p. 13). El cerebro sin duda es el gran protagonista en el desarrollo de los mapas mentales, pues en éste se desarrollan y generan los pensamientos e ideas de cada individuo, en una mezcla del conocimiento previo, más el conocimiento nuevo, igual a estructuras cognitivas y por ende nuevos aprendizajes, lo anterior desarrollado en un proceso fisiológico.

La segunda dimensión, el pensamiento irradiante se deriva etimológicamente de "radiante, que alude a lo que resplandece brillantemente. Hace referencia, pues, a un punto focal de donde salen múltiples rayos luminosos" (ibídem, p. 23). En este sentido este tipo de pensamiento hace referencia "a aquellos procesos asociativos de pensamiento que proceden de un punto central o se conectan con él" (Buzan, 1996:67), de tal forma que, en el momento en que el sujeto es consciente que es capaz de producir este tipo de pensamientos, su aprendizaje es permanente, significativo y holístico, en esta última característica se integra la tercera dimensión, pues el pensamiento o las ideas que emergen de lo que el sujeto lee, observa o toca, no lo hace desde una perspectiva de fragmentación sino desde su totalidad u holísticamente.

Es entonces que el mapa conceptual también "es un recurso que canaliza la creatividad, porque utiliza todas las habilidades relacionadas con ellas, sobre todo la imaginación, la asociación de idas y la flexibilidad (Ibídem, p. 174). El resultado de ello es una tormenta o lluvia de ideas, donde el sujeto debe ser capaz de organizarlas e integrar sus ideas en un solo hilo conductor, que no solo el que lo construye logre captar las ideas sino que al lector le sea congruente y coherente las ideas que se representan en los mapas mentales.

Los mapas mentales son considerados como una "garantía para el desarrollo de las capacidades mentales" (Ontoria, Gómez y Luque, 2006, p. 153). Al ser considerado como una garantía, genera una especie de seguridad que en su representación gráfica, es decir, su resultado ha integrado un proceso de organización del pensamiento y es un reflejo de lo que el cerebro del sujeto produce en el momento en que se presenta nueva información.

Sin lugar a dudas, algo que ha fortalecido el proceso formativo en los estudiantes, es la integración de las Tecnologías de la Información y Comunicación (TIC´s), no como el fin último, sino como el medio que fortalece y potencializa los aprendizajes de los estudiantes, en el desarrollo de los mapas mentales existen un sinfín de herramientas de libre acceso, mediante las cuales se pueden elaborar, el hecho de que existan este tipo de herramientas no significa que se libera al sujeto de los procesos mencionados en los párrafos anteriores en el momento de su elaboración, al contrario sigue el mismo procedimiento, la contribución de las tecnologías es facilitar su representación.

El MindMeister es una herramienta caracterizada por ser colaborativa, mediante la cual se crean y se pueden compartir mapas mentales, tiene un diseño elegante, el cual permite plasmar las ideas de forma sencilla, creativa, además que se adecua a las necesidades del que construye el mapa mental.

El uso de esta herramienta, contribuye a fortalecer el aprendizaje de los estudiantes, pero además al ser colaborativo, permite la participación de otros sujetos en su construcción, sin duda que convierte el desarrollo de los mapas conceptuales en una actividad lúdica.

3. Contexto

La incorporación del MindMeister, se efectuó en jóvenes universitarios durante el calendario 2015B, el estudio integró una población estudiantil de la carrera de Licenciatura en Informática, quienes cursaron las materias de Manejo de Bases de Datos y Control de Proyectos, materias que se impartieron en el Centro Universitario de Ciencias Exactas e Ingenierías de la Universidad de Guadalajara.

También se integraron estudiantes de la Licenciatura de Químico Farmacobiólogo.

Un total de 86 estudiantes participaron en este estudio, lo que sin duda es una experiencia enriquecedora tanto para ellos como para los docentes, pues no solo se fortalece su formación sino que hace posible el desarrollo de sus ideas y pensamientos.

4. Metodología

La metodología elegida consistió en una investigación-acción, desde una perspectiva cualitativa, la cual consiste en una reflexión crítica sobre la práctica docente, partió de la necesidad de que los estudiantes reafirmaran los temas vistos en las clases correspondientes, pensando en esto y en incluir una herramienta online y gratuita que pudiera cumplir con esta función es que se decide implementar está investigación.

Así es como los profesores involucrados en el presente estudio, determinaron a partir de una búsqueda las diferentes herramientas online y gratuitas disponibles en la Web, que tuvieran como características ser de fácil acceso, así que un estudiante con cualquier tipo de dispositivo conectado a Internet pudiera tener acceso a la herramienta seleccionada, además otra característica necesaria sería el que pudieran compartir la información, de tal forma que la herramienta seleccionada fue el MindMeister, la cual cumple con las necesidades y características de la población de estudio.

Con respecto al manejo del MindMeister, los profesores responsables explicaron de manera breve y sencilla su registro para poder acceder a las funciones, solo se les comento sobre las limitantes que ésta tiene. La mayoría de los estudiantes no habían trabajado con esta herramienta, por lo que el auto exploración fue un elemento clave, para que ellos pudieran desarrollar la actividad.

5. Desarrollo

En clase presencial, el profesor explicó los temas correspondientes al programa de estudio, en el caso de la materia de Control de Proyectos se abordó el tema de paradigmas de desarrollo de software y desarrollo de proyectos, y en el caso de la materia de Manejo de Bases de Datos se explicó el tema de motores de bases de datos.

Una primera actividad solicitada por el profesor responsable del programa, fue pedir a los estudiantes investigar y profundizar sobre el tema, de tal forma que con la explicación otorgada por el docente y la información resultado de la búsqueda, el estudiante la analizara y como producto de este proceso finalmente pudiera crear un mapa mental usando la herramienta MindMeister.

Se crearon mapas mentales usando la herramienta MindMeister tanto de forma individual como de forma colaborativa en equipos de máximo tres estudiantes. Los mapas mentales se compartieron a través de un blog que el profesor habilitó para dicho fin, así que los estudiantes universitarios publicaron en el blog los enlaces a sus mapas mentales y otros compañeros observaron los mapas creados por todos los compañeros de grupo.

6. Imágenes de los mapas mentales creados por los estudiantes para las diferentes materias mencionadas en este estudio

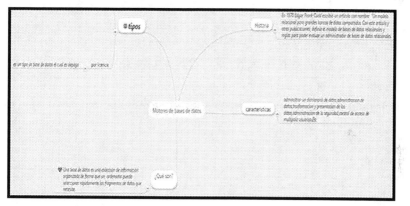

Imagen 1. Mapa mental de la materia de Manejo de Bases de Datos con el tema "Motores de bases de datos"

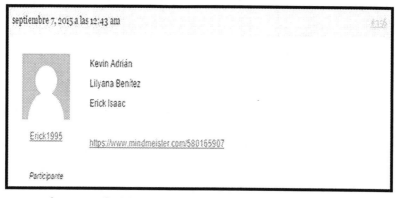

Imagen 2. Blog en el que publicaron los enlaces del mapa mental creado con MindMeister

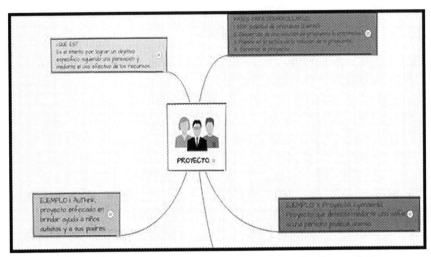

Imagen 3 Mapa mental de la materia de Control de Proyectos con el tema de "Desarrollo de proyectos"

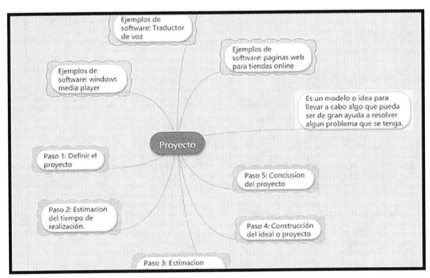

Imagen 4. Mapa mental de la materia de Control de Proyectos con el tema de "Fases de un proyecto"

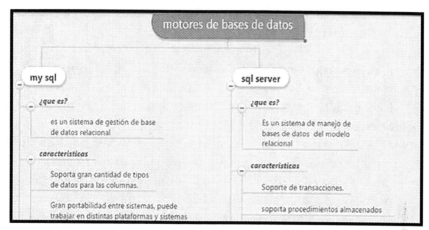

Imagen 5. Mapa mental de la materia de Manejo de Bases de Datos con el tema "Motores de bases de datos"

7. Resultados

Como resultado de este estudio, los estudiantes crearon un total de 45 mapas mentales, el profesor habilitó 1 blog y 2 foros, en los mapas mentales se representaron los temas base que se tomaron en los diferentes programas académicos. Es importante resaltar que la participación de los estudiantes fue en su totalidad, a los cuales se les planteó una serie de preguntas para conocer su opinión sobre este tipo de actividades.

De acuerdo con los estudiantes, algunas de las ventajas obtenidas en el diseño de los mapas mentales y el uso de esta herramienta, fueron:

- Sirvió como repaso de los temas vistos en clase fuera del horario de clase.
- Aprendieron a utilizar herramientas tecnológicas nuevas.
- Retuvieron de una mejor forma los conceptos fundamentales de los temas abarcados en el mapa mental.

Las ventajas obtenidas de usar mapas mentales desde el punto de vista de los profesores fueron:

- Permitió una participación más activa por parte de los estudiantes.
- Los estudiantes se involucraron más en su proceso de enseñanza-aprendizaje.
- Los profesores contaron con evidencias digitales del trabajo de los estudiantes fuera y dentro de los horarios de clase.
- Un resultado importante en este estudio, fue que los participaron 31 estudiantes de la carrera de Licenciatura en Químico Farmacobiólogo y no tuvieron dificultades para utilizar este tipo de herramientas de la Web 2.0 como lo es MindMeister, blog y foros, lo que nos permite deducir que este tipo de estrategia didáctica puede ser utilizada por cualquier profesor y estudiantes de cualquier área del conocimiento.

Pero además, esta herramienta resulta fácil de utilizar y que los estudiantes de diferentes áreas del conocimientos las puedan utilizar para el desarrollo de ciertas habilidades.

8. Conclusiones

A partir de los resultados obtenidos en el desarrollo de mapas conceptuales creados por MindMeister, se concluye que es una buena estrategia implementar los mapas mentales como una manera eficiente de llevar un acompañamiento de los estudiantes en su proceso de enseñanza-aprendizaje.

Además se obtuvo una buena respuesta por parte de los estudiantes esto debido a todos y todas participaron creando su mapa mental, incluso se contó con la participación de estudiantes de la Licenciatura en Químico Farmacobiólogo, quiénes crearon su mapa mental sin dificultes, fortaleciendo así los procesos de formación y desarrollando habilidades, donde su aprendizaje fue integrado, holístico y sobre todo, generando en ellos este tipo de habilidades de manera permanente.

9. Referencias

[1] Aranda, D. (2014). Educación, medios digitales y cultura de la participación. Barcelona: UOC.

[2] Barberá, E. (2008). El estilo e-portafolio. Barcelona: UOC.

[3] Barragán, R. (2005). El portafolio, metodología de evaluación y aprendizaje de cara al nuevo espacio Europeo de Educación superior. Una experiencia práctica en la Universidad de Sevilla. Revista Latinoamericana de Tecnología Educativa, 4(1), 121-139. Disponible el 21/10/2015 en http://dialnet.unirioja.es/servlet/articulo?codigo=1303745

[4] Buzan, T. (1996). El libro de los mapas mentales. Como utilizar al máximo las capacidades de la mente. Ed. Urano.

[5] Carmona, E. (2009). Tecnologías de la Información y la comunicación. Ambientes Web para la calidad educativa. Colombia: Armenía, Quíndio.

[6] García, J. (1989). Diagnóstico, evaluación. Madrid: Síntesis.

[7] Mellado, M.E. (2007). Portafolio en línea: una herramienta de desarrollo y evaluación de competencias en la formación docente. Educar, n° 40, pp. 69-89

[8] Mindmeister: Recuperado de http://sistemas.dti.uaem.mx/evadocente/programa2/Ipres003004_13/documentos/Mindmeister.pdf

[9] Ontoria, Gómez y Luque. (2006). Aprender con mapas mentales. Una estrategia para pensar y estudiar. Narcea: Madrid.

[10] Solomon, G. (2014). Web 2.0. How to for educators. Washington, DC: International Society for Technology in Education.

COMPARTIR CONOCIMIENTO EN LA WEB CON INFOGRAFÍAS EN LAS CIENCIAS COMPUTACIONALES, ENTRE JÓVENES UNIVERSITARIOS

Lotzy Beatriz Fonseca Chiu

Resumen

Este estudio tiene por objetivo difundir los resultados de crear infografías con temas relativos a las Ciencias Computacionales con la finalidad de que jóvenes universitarios compartieran información propias de las materias de Administración de Bases de Datos, Programación de Sistemas Multimedia, Estructura de Archivos, Taller de Estructura de Archivos, Manejo de Base de Datos, Tópicos Selectos de Informática I (Comercio Electrónico), con esto fomentar el desarrollo de competencias tecnológicas propias de las materias y del uso de la herramientas online y gratuitas, para este trabajo se utilizó para el desarrollo de la infografía Picktochart en un blog especial desarrollado con WordPress, el estudio se realizó en el Centro Universitario de Ciencias Exactas e Ingenierías (CUCEI) de la Universidad de Guadalajara.

Palabras clave: Infografías, Compartir, Ciencias Computacionales, Jóvenes universitarios.

Share knowledge on the Web with photos in Computer Science among University students.

Abstract

This study aims to disseminate the results of creating infographics with issues related to Computer Science in order to University students that share characteristics of the materials management databases, multimedia systems programming, file structure, information structure workshop file management database, selected Topics in Computer Science I (e-commerce), with this foster the development of own technological skills of the materials and the use of online and free tools for this work was used to develop Picktochart computer graphics in a special blog created with WordPress, the study was conducted at the University Center of Exact Sciences and Engineering (CUCEI) of the University of Guadalajara.

Keywords: Infographics, Share, Computer Science, University students.

1. Introducción

La evolución del Internet y las TIC´s, nos ofrecen posibilidades que nos permiten tener disponibles aplicaciones y programas que nos ayudan a generar contenidos digitales, así mismo es posible compartir esos contenidos.

Pensando en acercar a los estudiantes a este tipo de herramientas online es que surge la idea de crear infografías para que los jóvenes universitarios aprendieran a utilizarlas, y al mismo tiempo, expresaran los conceptos de los temas aprendidos en clase a través de este tipo de herramienta que nos permite la comunicación de ideas a través de imágenes y los contenidos textuales son posibles pero en una menor medida.

Con esto se tenía por objetivo fomentar la creatividad entre los jóvenes estudiantes universitarios, la idea principal es que aprendieran a representar la información de una forma menos textual y más gráfica, esto es, usar el menor contenido posible de texto, y aprender a representar un contenido textual transformándolo en una imagen, partiendo de la frase "una imagen vale más que mil palabras" pero de forma que los temas a comunicar a través de las infografías se trataran de la forma más completa posible.

Así mismo los jóvenes universitarios compartieron la infografía construida a través del Sitio Web dispuesto por el profesor, para este estudio el profesor desarrolló el Sitio Web utilizando WordPress. Los jóvenes universitarios compartieron los enlaces con otros compañeros universitarios.

2. Referentes teóricos

¿Qué es una infografía?

De acuerdo a (Caldevilla, 2013) "La infografía digital es un elemento visual e interactivo que acompaña al texto informativo".

Costa (2003) "La infografía es la técnica más reciente en el mundo del diseño, del tratamiento de las imágenes y del video".

Tabakman menciona que "La infografía es una técnica compleja que requiere sentido visual, y esto implica capacidad de abstracción y sensibilidad artística. Las imágenes están más cerca de las ideas que de las palabras por eso es tan preciso tenerlas claras".

Lankow (2012) "una infografía utiliza señales visuales para comunicar información. No necesitan contener una cierta cantidad de datos, poseen una cierta complejidad o presentan un cierto nivel de análisis."

¿Por qué utilizar una infografía para compartir información?

La infografía de acuerdo a (Tabakman, 2011) es buena cuando consigue transmitir en segundos lo que en un texto llevaría minutos. Las nuevas generaciones que acceden a los medios informativos son predominantemente visuales. Están educados en el mundo de la televisión y la computadora. Las infografías son muy útiles para presentar información complicada que de otra manera se perdería en un cúmulo de palabras. Esto incluye información numérica, estadísticas, procesos, mecanismo, etc. La principal ventaja es que permite transmitir un gran volumen de información en muy poco espacio de tiempo.

¿Cómo puede utilizarse la infografía en la educación?

De acuerdo a (Trujillo, 2014) "La infografía se puede usar desde la perspectiva del profesorado, para transmitir información de manera clara y sintética, y desde la perspectiva del alumnado, que puede así trabajar los contenidos para la producción de una infografía. Con el uso de la infografía en el aula estamos trabajando diversos procesos de aprendizaje: obtener información, desarrollar una comprensión general, elaborar una interpretación, y reflexionar sobre el contenido y valorarlo".

Un bosquejo de ¿cómo se utilizaron las infografías en el presente estudio?

Para el caso de este estudio, en clase se abarcaron los conceptos y fundamentos de los contenidos de las materias mencionadas anteriormente, y finalmente el estudiante profundizó en los conceptos realizando investigación propia sobre los temas vistos en clase de las diferentes materias y dicho conocimiento lo materializó en una infografía, además de compartirlas por Internet en un espacio desarrollado por el profesor para tal finalidad.

¿Qué es un Sitio Web?

De acuerdo a Luján (2002) "un Sitio Web es un conjunto de páginas Web relacionadas entre sí".

¿Qué es WordPress?

De acuerdo a Aubry (2013) "WordPress se creó como aplicación para blogs, era un motor de blogs. A medida que fue evolucionando se añadieron funciones que permiten crear y gestionar sitios clásicos, al día de hoy WordPress es un CMS".

A causa de su origen como motor de blogs, la visualización predeterminada es de tipo blog: las entradas aparecen unas debajo de otras, cronológicamente, la más reciente siempre en la parte superior.

¿Qué es un CMS?

Un CMS es básicamente un paquete de software que proporciona herramientas necesarias para la edición, publicación y administración de contenidos de un Sitio Web (Tomlinson, 2011).

¿Qué es un blog?

"Desde un punto de vista técnico, no es más que una página Web, en la que el sistema de edición y publicación se ha simplificado hasta el punto que el usuario no necesita conocimientos específicos del medio electrónico del formato digital para poder aportar contenidos de forma inmediata, ágil y permanente, desde cualquier punto de conexión a Internet" (Bruguera, 2007).

¿Por qué compartir información a través de la Web?

Un Sitio Web tiene un alcance global, es decir, puede llegar a usuarios de todas partes del mundo que tengan acceso a Internet. La intención es llegar a un mayor número de usuarios.

3. Contexto

El presente estudio se realizó durante el calendario 2015A que abarcó los meses de Enero a Mayo entre jóvenes universitarios de la carrera Licenciatura en Química, de Ingeniería en Computación y Licenciatura en Informática mayormente que cursaron las materias de Administración de Bases de Datos, Programación de Sistemas Multimedia, Tópicos Selectos de Informática I (Comercio Electrónico), Taller de Bases de Datos, Manejo de Bases de Datos, Taller de Estructura de Archivos, Estructura de Archivos que se imparten en el Centro Universitario de Ciencias Exactas e Ingenierías de la Universidad de Guadalajara. Las edades de los participantes son de 20 a 23 años. La cantidad de estudiantes involucrados en el presente estudio son 28 de Administración de Bases de Datos, 24 de Programación Multimedia, 67 de Tópicos Selectos de Informática I (Comercio Electrónico), 26 de Manejo de Bases de Datos, 24 de Taller de Bases de Datos, 43 de Estructura de Archivos, 24 de Taller de

Estructura de Archivos, un total de 236 estudiantes participaron en este estudio.

4. Metodología

La metodología elegida consistió en una investigación-acción metodología cualitativa que consiste en una reflexión crítica sobre la práctica docente.

La investigación nace de la necesidad de que jóvenes universitarios, trabajaran con las TIC´s en todo el proceso de enseñanza aprendizaje, pero con la integración de software online y gratuito, disponible gracias a la evolución del Internet, este software que permite la colaboración y la incorporación de multimedia en la generación de nuevos contenidos y que estos contenidos estén disponibles para más personas online.

Principalmente los jóvenes universitarios trabajaron integrando las TIC´s para generar infografías en las materias en las que se implementó la presente metodología.

5. Desarrollo

La estrategia didáctica en pasos.

Para la implementación del siguiente estudio se utilizó la siguiente estrategia, la cual consta de 6 pasos:

1. Selección del tema para la infografía: el profesor seleccionó dentro de los temas impartidos, un tema dentro del programa de estudios innovador aplicable al programa de estudios que requiriera información a más profundidad.
2. Creación del blog: El profesor creo un blog en un subdominio de un sitio web, el cual personalizó y preparó para que el estudiante pudiera subir al blog sus infografías del tema asignado en las diferentes materias.
3. Creación de la infografía: El alumno investigó y desarrolló su infografía del tema asignado.

4. Registro en el blog: El alumno se registró en el blog, el profesor solicitó al estudiante que editara su perfil utilizando datos verídicos como nombre completo y materia en la que está registrado.
5. Publicación de la infografía: El alumno publicó la infografía en el blog en la sección correspondiente de la materia.
6. Lluvia de comentarios: Publicadas las infografías de diferentes materias.

Cabe resaltar que para la materia de Administración de Bases de Datos el tema central para el desarrollo de la infografía fue Cassandra y MongoDB, para la materia de Programación de Sistemas Multimedia el tema central fue realidad aumentada y realidad virtual, para la materia de Manejo de Bases de Datos y Taller de Bases de Datos el tema central fue comparativa entre tres motores de bases de datos, para la materia de Estructura de Archivos y Taller de Estructura de Archivos el tema central fue el uso de los archivos en sistemas actuales, para la materia de Tópicos Selectos de Informática I (Comercio Electrónico) el tema central fue ingeniería Web.

Sitio Web desarrollado con WordPress.

Imagen 1. Del Sitio Web disponible en http://infografiasudg.aprendiendotics.com/wp/

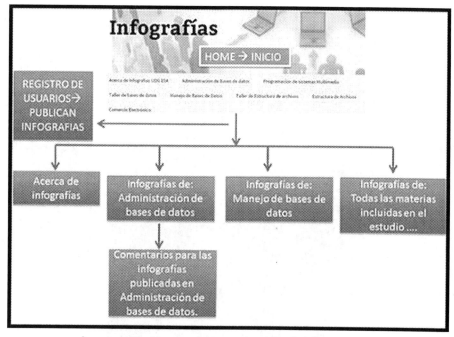

Imagen 2. Mapa de navegación del Sitio Web.

Infografías publicadas.

Imagen 3. Infografía publicada por un estudiante universitario de la materia de Administración de Bases de Datos con el tema MongoDB

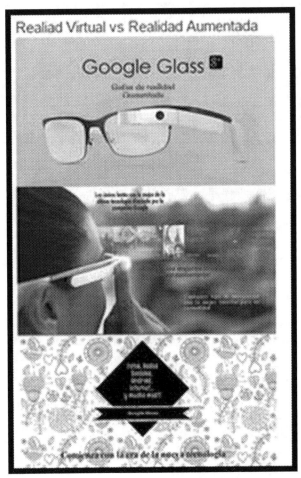

Imagen 4. Infografía publicada por un estudiante universitario de la materia de Programación de Sistemas Multimedia, con el tema realidad virtual y realidad aumentada.

6. Resultados

Un resultado importante en el presente estudio es la participación de 236 estudiantes, tratando diversos temas de actualidad en las Ciencias Computacionales, los temas se compartieron a través de Internet usando infografías que son medios de comunicación bastante efectivos.

Se construyeron 110 infografías que se publicaron y se compartieron por medio de blogs, los participantes generaron 40 entradas, 13 páginas y 297 comentarios de los que intervinieron en este estudio.

7. Conclusiones

Finalmente podemos concluir este estudio con algunos comentarios de los estudiantes disponibles en el blog de WordPress sobre lo que aprendieron con las infografías. Cabe resaltar que se invitó a comentar sobre los diversos temas a otros estudiantes universitarios, incluso algunos que no han cursado las materias mencionadas en este estudio.

Comentarios:

- "Muy completo, toda la información bien resumida pero sin omitir ningún detalle, me gusto el detalle del chiste, el video y el código que redirecciona a una página con más información acerca de MongoDb".
- "Me encanto la organización y el diseño. Contiene la información necesaria y es sobre todo muy ilustrativo."
- "Ilustrativa e informativa. Con la información muy bien estructurada."
- "Me gustó mucho el acomodo de la información buenas imágenes, muy padre con la claridad con la que se explica el tema."
- "Buena información, muy interesante el tipo de dispositivos utilizados y la comparación de virtual y aumentada, buen trabajo."
- "Muy completa la información, buena comparación de realidad virtual y aumentada, incluyeron aspectos importantes que nos permiten una mejor comprensión."
- "Bueno me parece que tu información es muy precisa y clara y ya que es un tema que no conocía me pareció interesante conocer acerca de esto."

Desde la óptica del profesor se considera que es una forma innovadora de buscar que los estudiantes se acerquen a las tecnologías que surgen a través de medios como Internet, además se logró a través de esta actividad orientar a los estudiantes al fomento de la creatividad, la investigación, el razonamiento crítico y el compartir información con otros.

8. Referencias

[1] Aubry, Christophe. (2013). WordPress 3.5 para crear y administrar blogs y sitios Web. Ediciones Eni.

[2] Caldevilla, David. (2013). Tendencias de vanguardia en comunicación. Madrid: Vision Libros.

[3] Costa, Joan. (2013). Diseñar para los ojos. Bolivia: Editorial Design.

[4] Bruguera. (2007). Los Blogs. Barcelona: UOC.

[5] Lankow, Jason. (2012). Infografías: El poder del storytelling visual. EU: John Wiley & Sons, Inc., Hoboken.

[6] Luján, Sergio. (2002). Programación de aplicaciones Web: historia, principios básicos y clientes Web. España: Editorial Club Universitario.

[7] Tabakman, Roxana. (2011). La salud de los medios. Editorial Internal Mediacal Publishing.

[8] Tomlinson Tood. (2011), Drupal 7. Madrid: Anaya Multimedia.

[9] Trujillo, Fernando. (2014). Artefactos digitales. Una escuela digital para la educación de hoy. Graó.

CONSTRUYENDO SITIOS WEB CON CONTENIDO HIPERMEDIA EN LA UNIVERSIDAD

Lotzy Beatriz Fonseca Chiu
María Elena Romero Gastelú
Jorge Lorenzo Vásquez Padilla

Resumen

El trabajo tiene como finalidad difundir la experiencia de crear sitios Web con contenido hipermedia, utilizando Wix, desarrollados por estudiantes universitarios en equipos de trabajo como parte de los proyectos en la materia de Tópicos Selectos de Informática I que se imparte en el Centro Universitario de Ciencias Exactas e Ingenierías (CUCEI) en la Universidad de Guadalajara. Para lo cual se definió una estrategia de seis pasos a seguir por los equipos de trabajo. Determinando mediante una encuesta los resultados obtenidos, la cual permitió conocer la percepción de los estudiantes sobre el uso de la herramienta Wix, la hipermedia y sobre los temas que crearon sus sitios Web.

Palabras clave: Páginas Web, Sitios Web, Hipertexto, Multimedia, Hipermedia, Estudiantes universitarios.

1. Introducción

Un Sitio Web es un conjunto de páginas Web que se encuentran conectadas entre sí por medio de enlaces (links). Una página Web puede contener texto, imágenes, audio y video. También, un Sitio Web suele organizar sus temas en secciones. Así, una sección trata de varios temas y un tema puede contener varias páginas [1].

Un Sitio Web tiene un alcance global, es decir, puede llegar a usuarios de todas partes del mundo que tengan acceso a Internet. Pensando en este alcance global, surge la idea de que los estudiantes universitarios que cursan materias de informática en el Centro Universitario de Ciencias Exactas e Ingenierías desarrollen sitios Web por equipos como parte de los proyectos que se solicitan en las materias que se imparten en estas instituciones. Los estudiantes adquirirían la competencia de desarrollar sitios Web que les permitiría tener un alcance mundial para compartir conocimiento creado por ellos mismos. Así como también la posibilidad de incluir contenidos hipermedia para los sitios Web. La hipermedia es el conjunto de métodos o procedimientos para escribir, diseñar o componer contenidos que integren soportes tales como: texto, imagen, video, audio, mapas, y otros soportes de información emergentes, de tal modo que el resultado obtenido, además tenga la posibilidad de interactuar con los usuarios [2]. De esta forma los estudiantes adquirirían la competencia de desarrollar contenido multimedia e hipertextual.

2. Referentes conceptuales

¿Qué es un Sitio Web?

Es un conjunto de páginas Web relacionadas entre sí. Se entiende por página Web tanto el fichero que contiene el código HTML como todos los recursos que se emplean en la página (imágenes, sonidos, videos, etc.). En todo Sitio Web suele existir una página inicial o principal, generalmente contiene el menú a través de la cual el usuario puede visitar todas las páginas contenidas en el Sitio Web [8].

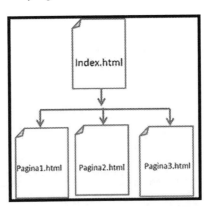

Imagen 1. Estructura básica de un Sitio Web.

¿Qué es hipermedia?

El término hipermedia viene a definir sencillamente las aplicaciones hipertextuales que incluyen gráficos, audio y vídeo. Lo fundamental de la hipermedia es que ofrece una red de conocimiento interconectado por donde el estudiante puede moverse por rutas o itinerarios no secuenciales a través del espacio de información conceptual, y de este modo aprender mientras lo explora, en oposición a ser dirigido por una serie de órdenes de tareas.

¿Por qué desarrollar contenido hipermedia en los sitios Web?

Debido a las siguientes ventajas de la hipermedia en la enseñanza analizadas por diversos autores es que se decide que los sitios Web tengan contenido hipermedia:

Mayes [11] plantea que favorece el aprendizaje exploratorio, el estudiante deja de ser un observador pasivo y ahora navega a su gusto por un mundo virtual al que él mismo contribuye a dar significado, "negociando" constantemente su interacción con él.

Adams [12] plantea que al usuario se le ofrece un contexto en el que desarrollar su propio papel. De esta forma la hipermedia facilita que los receptores de la información construyan sus propios cuerpos de conocimiento, en función de sus intereses y necesidades.

Ruiz [13] plantea que se realiza pues una lectura orientada al usuario (lo cual favorece la enseñanza adaptativa, pues cada estudiante se moverá por el sistema de acuerdo con su nivel de conocimientos, necesidades o intereses.

Marchionini [14] y Lee [15] plantean que la hipermedia es una tecnología facilitadora, no directora, que ofrece al usuario una gran dosis de control: navegando por el sistema el sujeto que aprende construye su propio conocimiento de acuerdo a las asociaciones existentes en sus propias estructuras cognitivas, lo cual también aumenta el grado de aprendizaje "fortuito" ("incidental learning") que se produce al navegar por un sistema hipermedia.

Los sitios Web con contenido hipermedia desarrollados en equipo de proyectos por estudiantes universitarios se desarrollarían en la herramienta Wix debido a que se requería desarrollar sitios Web gratuitos, para que los estudiantes universitarios no tuvieran que invertir recursos económicos en su desarrollo.

¿Qué es Wix?

Es un editor online que permite crear y publicar un Sitio Web en Flash indexado en buscadores, gratuitamente, con una dirección de tipo www.wix.com/nombre de usuario/nombre de documento. Con Wix puedes crear tu propio Sitio Web con facilidad. No hay necesidad de agregar una sola línea de código de programación. Diseñado con una vistosa interfaz gráfica con función arrastrar y colocar, el creador de sitios Web se realizó de modo que sea muy fácil de usar y permita una completa libertad en la creación [3].

El objetivo de la creación de sitios Web con contenido hipermedia sería desarrollarlos como proyectos para las materias de informática pero, **¿Qué es un proyecto?** Un proyecto es un esfuerzo para lograr un objetivo específico por medio de una serie particular de tareas interrelacionadas y la utilización eficaz de recursos [5].

Para el caso de particular del presente estudio, el profesor propuso de acuerdo a su materia un proyecto que los alumnos deberían realizar en el transcurso del semestre.

Etapas de un Proyecto

1. Planeación
2. Recursos
3. Objetivos
4. Proceso
5. Resultados

En este caso los estudiantes tendrían que pasar por las etapas de un proyecto para finalizar sus proyectos en tiempo y forma, de acuerdo a las especificaciones y con la guía de su profesor de acuerdo a la materia. Pero **¿Por qué utilizar la estrategia de desarrollo de proyectos?** [9, pág. 133].

Porque permite desarrollar los diversos aspectos de las competencias, en su tres dimensiones de saber y articulando la teoría con la práctica.

- Favorecen prácticas innovadoras.
- Ayudan a solucionar problemas.
- Permiten transferir conocimientos, habilidades y capacidades a diversas áreas de conocimiento.
- Permiten aplicar el método científico.
- Favorecen la metacognición.
- Fomentan el aprendizaje cooperativo.
- Ayudan a administrar el tiempo y los recursos.
- Alientan el liderazgo positivo.
- Fomentan la responsabilidad y el compromiso personal.
- Contribuyen a desarrollar la autonomía.
- Permiten una comprensión de los problemas sociales y sus múltiples causas.
- Permiten un acercamiento a la realidad de la comunidad, el país y el mundo.
- Alientan el aprendizaje de gestión de un proyecto.
- Permiten desarrollar la autonomía y la capacidad de hacer elecciones y negociaciones.

Se propuso a los estudiantes trabajar por equipos, en todas las materias que comprenden este estudio, por ser una estrategia que mejor se adaptaba a nuestro estudio, pero **¿por qué trabajar en equipos?** la razón básica para la creación de equipos de trabajo reside en la expectativa de que ejecutarán tareas con mayor eficacia que los individuos, lo cual redundará en beneficio de los objetivos organizativos generales. Para comprender cómo hay que trabajar en equipos es importante tomar en consideración el contenido de la tarea y las estrategias y procesos empleados por los miembros del equipo para realizarla. Para funcionar con eficacia, los miembros de un equipo deben concentrarse activamente en sus objetivos, revisando con regularidad las formas de alcanzarlos y los métodos de trabajo del grupo. Asimismo, para fomentar su bienestar, el equipo debe reflexionar acerca de las maneras en que presta apoyo a los miembros, cómo se resuelven los conflictos y cuál es el clima social general del equipo.

Los aspectos más significativos del trabajo en equipo son:

- Alcanzar los objetivos del equipo.
- La participación activa dentro del equipo.
- La división de las tareas.
- Apoyo a la innovación.

3. Contexto

El desarrollo por equipos de proyectos se realizó en el calendario 2013A entre jóvenes universitarios de las carreras de Ingeniería en Computación y Licenciatura en Informática que cursan la materia de Tópicos Selectos de Informática I del Centro Universitario de Ciencias Exactas e Ingenierías de la Universidad de Guadalajara, las edades de los estudiantes están entre 22-24 años de edad.

4. Desarrollo

La estrategia didáctica en pasos.

Se definió una estrategia didáctica en 6 pasos a seguir:

1. Se solicitó a los estudiantes que hicieran equipos de máximo 3 estudiantes.
2. En horario de clases se les explicó a los alumnos en qué consistiría el proyecto.
3. Se les especificó a los estudiantes que tendrían que desarrollar un Sitio Web con contenido hipermedia, que se desarrollaría en la herramienta Wix y que el contenido hipermedia, vídeos, imágenes e hipertextos deberían ser de su autoría.
4. Se les proporcionó a los estudiantes un manual del uso de la herramienta Wix en formato .pdf.

Imagen 2. Manual de Wix, desarrollado y creado por la profesora.

Cabe mencionar que en el sitio de Wix http://es.wix.com se encuentra un vídeo desarrollado por los propios creadores de la herramienta que cualquiera puede consultar de forma gratuita.

5. Los estudiantes decidieron el tema del cual desarrollarían el Sitio Web con contenido hipermedia esto de acuerdo a lo solicitado por el profesor.
6. Se establecieron los tiempos de entrega del proyecto y que se evaluaría de acuerdo a los puntos establecidos por el profesor.

5. Resultados

Sitios Web con contenido hipermedia creados por los estudiantes en imágenes.

Los siguientes son tres ejemplos de los sitios Web creados por los estudiantes en la materia de Tópicos Selectos de Informática I.

Sitio Web 1 con contenido hipermedia:
Tema: <u>Maltrato animal</u>
*URL:*http://diegoempires.wix.com/actua-ya#

Imagen 3. Sitio Web con contenido hipermedia desarrollado por estudiantes en la materia de Tópicos Selectos de Informática I.

Sitio Web 2 con contenido hipermedia:
Tema: <u>Respeto en la escuela</u>
URL: http://ritchieg9.Wix.com/respeto

Imagen 4. Sitio Web con contenido hipermedia desarrollado por estudiantes en la materia de Tópicos Selectos de Informática I.

Sitio Web 3 con contenido hipermedia:
Tema: <u>Inseguridad Pública</u>
URL: http://cc420celectronico.Wix.com/inseguridad-publica

Imagen 5. Sitio Web con contenido hipermedia desarrollado por estudiantes en la materia de Tópicos Selectos de Informática I.

Resultados de la encuesta.

Se elaboró una encuesta con las siguientes preguntas:

1. ¿Qué tipo de contenido multimedia desarrollaste para tu página Web?
   a) vídeos b) imágenes c) texto con links d) todas las anteriores e) ninguna de las anteriores.

2. ¿Cuál era el tema de la página Web que desarrollaste?
3. ¿El desarrollo de la página Web con Wix te pareció una forma de crear páginas Web?
   a) Excelente b) Muy buena c) Buena d) Regular e) Mala

En la materia de Tópicos Selectos de Informática I se obtuvieron los siguientes resultados:

1. Todos los equipos de proyecto contestaron "d" a la encuesta anterior, esto es, desarrollaron vídeos, imágenes y texto con links. Esto es los 51 estudiantes registrados en la materia de Tópicos Selectos de Informática I, calendario 2013A, crearon contenido multimedia, para sus sitios Web.

2. Los temas seleccionados fueron el maltrato animal, la hambruna, la inseguridad pública, respeto en la escuela, entre otros.

3. Los estudiantes universitarios consideraron como **muy buena** la herramienta Wix para crear páginas Web.

Los estudiantes universitarios inscritos en la materia de Tópicos Selectos de Informática I (Comercio Electrónico) que se imparte en el Centro Universitario de Ciencias Exactas e Ingenierías de la Universidad de Guadalajara desarrollaron contenido hipermedia de calidad que publicaron en sitios Web con alojamiento gratuito como Wix y para los vídeos utilizaron YouTube.

Desarrollaron sitios Web abarcando temas sociales como el maltrato animal, la hambruna, la inseguridad pública, el respeto en la escuela entre otros.

6. Conclusiones

Se concluye que el diseño y la creación de sitios Web con elementos hipermedia permiten ampliar, en quien los utiliza, los conocimientos en el uso de las TIC´s, a través de la utilización de herramientas on-line que nos permiten publicar contenido en Internet.

Que de la adecuada aplicación de la estrategia definida en seis pasos (*mencionada en el apartado* **4 Desarrollo**) los estudiantes con el acompañamiento de su profesor fueron capaces de desarrollar competencias tecnológicas, también lograron el trabajo colaborativo y solidario, además de entender que la tecnología bien utilizada y canalizada puede ayudar a crear conciencia entre las personas sobre las problemáticas sociales que vivimos actualmente y buscar en forma conjunta posibles soluciones.

Este estudio abre la posibilidad para incluir más herramientas en la construcción de sitios Web en futuras investigaciones que brinden a los jóvenes competencias necesarias para adquirir conocimientos y mejorar sus competencias digitales necesarias en el siglo XXI.

7. Referencias

[1] ¿Qué es un sitio Web? Diseño, Creación y Desarrollo de Proyectos, Sitios, y Páginas Web. Expertos en Sitios Web. (2013). Recuperado el 16 de mayo de 2013 a las 21:24 de http://www. expertosensitiosweb.com/preguntas/que-es-un-sitio-web

[2] Hipermedia. (2013, 02 de abril). En Wikipedia, la enciclopedia libre. Recuperado el 16 de mayo de 2013 a las 21:04 de es.wikipedia.org/wiki/Hipermedia

[3] Qué es Wix y para qué sirve?. (2013). Recuperado el 17 de mayo de 2013 a las 11:57 de http://es.Wix.com/support/ forum/flash/quienes-somos/acerca-de-Wix-cont%C3%A1ctanos/ qu%C3%A9-es-Wix

[4] Fernández, R. (2008). Educación y tecnología un binomio excepcional. Argentina: Grupo editor K.

[5] Gido, J. (2006). Administración exitosa de proyectos. México: Cengage Learning.

[6] Horney, M. (1993). A Measure of Hypertext Linearity. Journal of Educational Multimedia and Hipermedia, 2 (1), 67-82.

[7] Jacobs, G. (1992). Hipermedia and discovery-based learning: a historical perspective. British Journal of Educational Technology, 23 (2), 113-121.

[8] Luján, S. (2002). Programación de aplicaciones Web: historia, principios básicos y clientes Web. España: Editorial Club Universitario.

[9] Pimienta, J. (2012). Estrategias de enseñanza-aprendizaje. México: Pearson.

[10] West, M. (2003). El trabajo eficaz en equipo 1+1=3. Barcelona: Paidós plural.

[11] Mayes, T., Kibby, M., Kibby, A. (1990). Learning about Learning from Hypertext, Designing Hypermedia for Learning, NATO ASI Series, Volume F67, Springer Verlag.

[12] Adams, P. E. (1996). Hypermedia in the classroom using earth and space science CD-ROMs. Journal of Computers in Mathematics and Science Teaching, 15(1/2), 19-34. EJ 526 533.

[13] Ruiz, D. (1996). Medellín: Ciudad de extrañezas. En: Corporación Región, Penca de Sábila y Colegio Colombo-Francés (editores). Tiempos y espacios. Maestros gestores de nuevos caminos, Medellín.

[14] Marchionini, G. (1990). Educational Computing Research: Status and Prospectus. The Research of School Library Media Centers. B. Woolls (Ed.) H. Willow Research and Publishing Castle Rock, CO. 189-200.

[15] Lee, M. J. (1999). The relationships between navigational patterns and informational processing styles of hypermedia users. Dissertation Abstracts International Section A: Humanities and Social Sciences.

[16] Duffy, T.M. and Knuth, R.A. (1990). Hypermedia and instruction: where is the match? In D.H. Jonassen and H. Mandl (eds.) Designing Hypermedia for Learning. Heidelberg: Springer-Verlag.

[17] Kristof, R. y Satran, A. (1998). Diseño interactivo. España: Anaya Multimedia.

[18] Jonassen, D. y Grabinger, S. (1990). Problems and Issues in Designing Hypertext/Hypermedia for Learning; en Designing Hypermedia for Learning. editado por D.H. Jonassen y H. Mandl; NATO ASI Series, vol. F 67; Springer-Verlag Berlin Heidelberg.

[19] Cabero, J. (1995). Navegando, construyendo: la utilización de los hipertextos en la enseñanza. Biblioteca Virtual de Tecnología Educativa.

ADQUIRIENDO COMPETENCIAS DEL SIGLO XXI A TRAVÉS DE LA CONSTRUCCIÓN DE SITIOS WEB ENTRE JÓVENES UNIVERSITARIOS DE CIENCIAS COMPUTACIONALES

Lotzy Beatriz Fonseca Chiu
Jorge Lorenzo Vásquez Padilla
María Elena Romero Gastelú

Resumen

Este estudio tiene como finalidad difundir los resultados de crear sitios Web usando la herramienta Weebly, los sitios Web se desarrollaron por estudiantes universitarios como parte de la actividad que se les solicitó durante el calendario 2016A en las materias de Tópicos Selectos de Informática I (Comercio Electrónico), Hipermedia y Control de Proyectos que se imparten en el Centro Universitario de Ciencias Exactas e Ingenierías (CUCEI) de la Universidad de Guadalajara, con la finalidad de que los jóvenes universitarios adquirieran competencias del siglo XXI como la autogestión, pensamiento crítico, trabajo colaborativo y competencias digitales propias de las materias involucradas.

Palabras clave: Competencias, Sitios Web, Herramienta, Weebly, Universitarios.

XXI century skills acquired through building websites among young University Computer Science

Abstract

This study aims to disseminate the results to create websites using Weebly tool, websites were developed by University students as part of the activity that were asked during the 2016A calendar in matters of Selected Topics in Computer Science I (Electronic Commerce), Hypermedia and Control of Projects that are taught in the CUCEI of the University of Guadalajara, in order that young students acquire skills of the XXI century as self-management, critical thinking, collaborative work and characteristics of the materials involved digital skills.

Keywords: Competences, Website, Tool, Weebly, University.

1. Introducción

Un Sitio Web es un conjunto de páginas Web que se encuentran conectadas entre sí por medio de enlaces (links). Una página Web puede contener texto, imágenes, audio y vídeo. También, un Sitio Web suele organizar sus temas en secciones. Así, una sección trata de varios temas y un tema puede contener varias páginas.

Un Sitio Web tiene un alcance global, es decir, puede llegar a usuarios de todas partes del mundo que tengan acceso a Internet. Pensando en este alcance global, es que surge la idea de que nuestros estudiantes universitarios que cursan materias de Tópicos Selectos de Informática I (Comercio Electrónico), Hipermedia y Control de Proyectos desarrollarán sitios Web como parte de una actividad solicitada en las materias que impartimos en la institución. Los estudiantes adquirirían la competencia de desarrollar sitios Web creados por ellos mismos que les permitiría tener un alcance mundial para compartir conocimiento. También se pensó en la necesidad de que los jóvenes estudiantes conocieran la herramienta Weebly que es de fácil manejo para que realizaran la actividad. El contenido del Sitio Web desarrollado con Weebly sería en base a reseñas que los estudiantes universitarios escribieron sobre los aprendido en los talleres y conferencias a los que asistieron en el festival científico, cultural y recreativo de la

División de Electrónica y Computación de nuestro Centro Universitario así se fomentó al mismo tiempo la participación de los jóvenes en este congreso. Los criterios a tomar en cuenta para evaluar la actividad fueron: Diseño, Funcionalidad y contenido del Sitio Web.

2. Referentes teóricos

¿Qué es un Sitio Web?

Es un conjunto de páginas Web relacionadas entre sí. Se entiende por página Web tanto el fichero que contiene el código HTML como todos los recursos que se emplean en la página (imágenes, sonidos, videos, etc). En todo Sitio Web suele existir una página inicial o principal, generalmente contiene el menú a través de la cual el usuario puede visitar todas las páginas contenidas en el Sitio Web (Luján, 2002).

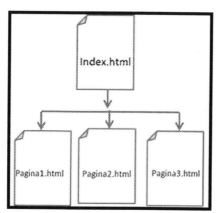

Imagen 1. Estructura básica de un Sitio Web.

¿Qué es Weebly?

De acuerdo a (Caldas, 2014) "existen diferentes herramientas que permiten la creación de una página Web de manera gratuita. Entre ellas se puede destacar Weebly (en weebly.com)." Características de la herramienta Weebly. De acuerdo a (Matthews, 2014) "Cuenta con un creador de sitios Web de arrastrar y soltar, tiene más de 70 plantillas que se pueden utilizar para dar apariencia al Sitio Web, se pueden añadir elementos de contenido (como texto, fotos, mapas y vídeos) a la Web simplemente arrastrándolos y soltándolos en su lugar. El texto se puede editar como en un procesador de texto. La construcción del Sitio Web se realiza en tiempo real, directamente desde un navegador Web."

¿Qué es una competencia?

De acuerdo a la OCDE "Una competencia es la capacidad para responder a las exigencias individuales o sociales para realizar una actividad. Cada competencia reposa sobre una combinación de habilidades prácticas y cognitivas interrelacionadas, conocimientos, motivaciones, valores, actitudes, emociones y otros elementos sociales y comportamentales que pueden ser movilizados conjuntamente para actuar de manera eficaz."

De acuerdo a (Tobón, 2013) "Actualmente, las competencias se entienden como actuaciones integrales para identificar, interpretar, argumentar y resolver problemas del contexto con idoneidad y ética, integrando el saber ser, el saber hacer y el saber conocer".

¿Cuáles son las competencias del siglo XXI?

Autogestión, trabajo colaborativo, pensamiento crítico y competencias digitales, entre otras.

3. Objetivo del proyecto

Estudiantes universitarios construyeron sitios Web usando la herramienta Weebly, el tema del Sitio Web se basa en reseñas de lo aprendido en conferencias y talleres a las que asistieron durante un festival de ciencia de nuestro Centro Universitario. Los estudiantes publican los enlaces a sus sitios Web construidos con Weebly en el Sitio Web desarrollado por los profesores a través de foros.

4. Contexto

El presente estudio se realizó en el calendario escolar 2016 A entre jóvenes universitarios de las carreras de Ingeniería en Computación y Licenciatura en Informática que cursan las materias de Tópicos Selectos de Informática I (Comercio Electrónico), Hipermedia y Control de Proyectos materias que se imparten en el Centro

Universitario de Ciencias Exactas e Ingenierías de la Universidad de Guadalajara, las edades de los estudiantes están entre 22-24 años de edad. Participaron 83 estudiantes.

5. Metodología

Metodología Constructivista; De Inteligencias Múltiples; De Aprendizaje Colaborativo.

<u>Metodología Constructivista</u>: Es una corriente que afirma que el conocimiento de todas las cosas es un proceso mental del individuo, que se desarrolla de manera interna conforme el individuo obtiene información e interactúa con su entorno, lo que permite cambiar el enfoque, moviéndolo del enseñar al aprender, de la conferencia a la conversación, del docente al tutor, de los contenidos a las estrategias, de la Universidad a la sociedad en su conjunto (Gonzalvéz, 2011). La corriente constructivista equipara el aprendizaje con la creación de significados a partir de experiencias (Bednar et al. 1991). "El reflexionar sobre el conocimiento para poder descontextualizarlo y poder así comprenderlo en profundidad y aplicarlo dentro y fuera de la escuela" (Tezanos, 2001, pp. 29-41).

En esta investigación los estudiantes crean significados a partir de los talleres y conferencias a las que asisten, así mismo comparten lo aprendido a través de sitios Web desarrollados con la herramienta Weebly.

<u>Metodología de inteligencias múltiples</u>: De acuerdo a Gardner (2005) "Una inteligencia implica la habilidad necesaria para resolver problemas o para elaborar productos que son de importancia en un contexto cultural o en una comunidad determinada. De acuerdo a Gardner tenemos las siguientes inteligencias, inteligencia musical, inteligencia cinético-corporal, inteligencia lógico-matemática, inteligencia lingüística, inteligencia espacial, inteligencia interpersonal, inteligencia intrapersonal. De acuerdo a la teoría de las inteligencias múltiples, una inteligencia puede servir tanto de contenido de la enseñanza como de medio empleado para comunicar este contenido". Como seres humanos, todos tenemos un repertorio de capacidades adecuadas para resolver distintos tipos de problemas, la escuela debería ayudar a los estudiantes a desarrollar todas sus inteligencias y capacidades.

En esta investigación los estudiantes utilizaron para complementar sus reseñas contenidos como vídeos, imágenes, texto y enlaces a sitios Web externos para ampliar la información sobre un tema que se publicó en un Sitio Web construido con la herramienta Weebly.

<u>Metodología de aprendizaje colaborativo</u>: Desde la etimología, colaborar del latín "co-laborare", "laborare cum" y significa "trabajar juntamente con". Cooperar, del latín "co-operare", "operare cum", significa trabajo, pero además significa ayuda, interés, servicio y apoyo. (Corominas y Pascual, 2007) así, cooperar amplía su significado hacia ayudar a, apoyo mutuo, interesarse por, etc.

6. Desarrollo de la estrategia de implementación por pasos

La estrategia didáctica en pasos.

A continuación se describe la estrategia, con 6 pasos:

1. Los profesores creamos un Sitio Web con Weebly en el servidor con el que contamos mismo que se preparó para recibir las publicaciones de los estudiantes a través de comentarios en foros dispuestos en el mismo Sitio Web.

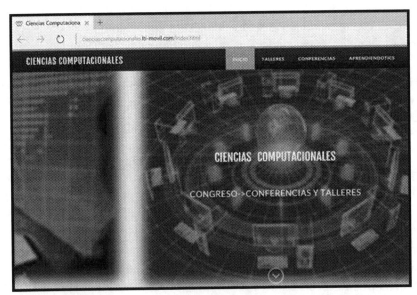

Imagen 2. Sitio Web principal espacio de acceso a foros.

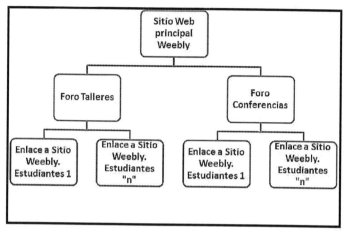

Imagen 3. Estructura del Sitio Web principal construido con Weebly.

2. Los estudiantes asistieron a conferencias y talleres en el DIVECFEST (festival científico, cultural y recreativo de la División de Electrónica y Computación de nuestro Centro Universitario).
3. Se tomaron una selfie en la conferencia o taller, así como fotos.
4. Redactaron una reseña de lo aprendido en conferencias y talleres.
5. Publicaron su reseña de lo aprendido en conferencias y talleres en un Sitio Web Weebly construido por ellos.
6. Publicaron el enlace a su Sitio Web desarrollado con Weebly en un comentario en los foros del Sitio Web de los profesores.

Imagen 4. Sitio Web desarrollado con Weebly por estudiante universitario.

7. Competencias del siglo XXI que los estudiantes universitarios desarrollaron

Las competencias del siglo XXI son:

1. Autogestión
2. Pensamiento crítico
3. Trabajo colaborativo
4. Competencias digitales

Autogestión.

De acuerdo a (Zimmerman, 1989) "la autogestión del aprendizaje podría describirse como una autogestión académica que se refiere al proceso mediante el cual los estudiantes activan y sostienen cogniciones, conductas y afectos que están orientados sistemáticamente hacia el cumplimiento de objetivos académicos. Es decir, se refiere al grado al cual los estudiantes participan activamente de manera meta-cognitiva, motivacional y conductual en su propio proceso de aprendizaje." (Bandura, 1982) "La autogestión del aprendizaje se entiende como la situación en la cual el estudiante como dueño de su propio aprendizaje, monitorea sus objetivos académicos y motivacionales, administra recursos materiales y humanos, tomándolos en cuenta en las decisiones y desempeños de todos los procesos de aprendizaje."

En esta investigación los estudiantes universitarios fueron autogestivos al asistir a talleres y conferencias dentro del festival de ciencia de la Universidad, así mismo al construir sus reseñas de lo aprendido en las conferencias y talleres y construir su Sitio Web usando la herramienta Weebly de forma que participaron activamente en esta actividad propuesta por los profesores, los estudiantes fueron dueños de su propio aprendizaje además de monitorear su objetivo académico en esta actividad, es así como alcanzaron su objetivo de construir su Sitio Web y compartirlo en el espacio brindado por los profesores.

Pensamiento crítico.

(Halpern, 1998) "el pensamiento crítico es propositivo, razonado, y dirigido hacia un objetivo, pensar críticamente requiere de un conjunto de habilidades y disposiciones".

En esta investigación los estudiantes asistieron a ponencia y talleres, razonaron lo aprendido y lo reflexionaron, se apropiaron del conocimiento para redactar su reseña del conocimiento adquirido y finalmente construyeron el Sitio Web con la herramienta Weebly y lo publicaron en el espacio destinado por los profesores, de esta forma alcanzaron el objetivo de la actividad.

Trabajo colaborativo.

Los profesores proporcionamos el espacio en Internet para que los estudiantes publicaran en ese espacio los enlaces a sus sitios Web construidos con la herramienta Weebly, finalmente construimos un Sitio Web colaborativo entre todos los participantes en el estudio.

Competencias digitales.

De acuerdo a Adell "Las competencias digitales son un conjunto de conocimientos, capacidades, destrezas y habilidades, en conjunción con valores y actitudes, para la utilización estratégica de la información, y para alcanzar objetivos de conocimiento tácito y explícito, en contextos y con herramientas propias de las tecnologías digitales. Estas competencias se evidencian en el dominio estratégico en cinco grandes capacidades asociadas respectivamente a las diferentes dimensiones de la competencia digital: Acceso; Adopción; Adaptación; Apropiación; Innovación."

En esta investigación los estudiantes tuvieron acceso, adoptaron, se adaptaron y se apropiaron de forma innovadora al uso de la herramienta Weebly para realizar sus reseñas de lo aprendido en las conferencias y talleres de la feria de ciencia de nuestro Centro Universitario.

8. Resultados y conclusiones

Los resultados y conclusiones se sintetizan en los siguientes puntos:

- Finalmente podemos concluir que un total de 83 estudiantes de las materias de Tópicos Selectos de Informática I (Comercio Electrónico), Control de Proyectos e Hipermedia participaron en este estudio desarrollando su Sitio Web utilizando la herramienta Weebly.
- Adquirieron competencias como autogestión, pensamiento crítico, trabajo colaborativo y competencias digitales propias de los estudiantes del siglo XXI.
- Desarrollaron 83 sitios Web en el que incluyeron elementos como texto, imágenes, vídeos y enlaces a documentos y sitios Web externos.
- Los profesores consideramos que las competencias que los estudiantes universitarios alcanzaron en este estudio les servirán en su vida laboral y académica.

9. Referencias

[1] Jordi Adell, "Las TIC sirven para traer al mundo a la escuela y para abrir la escuela al Mundo" Recuperado el 26 de mayo de 2016 de https://ciberculturablog.wordpress.com/autores/jordi-adell/

[2] Bandura, A. (1982) Self-efficacy mechanism in human agency. American Psychologist, 37, 122-147.

[3] Bednar, A.K., Cunningham, D., y otros. (1991). Theory into practice: How do we link?. En G. Anglin (Ed.) Instructional Technology: Past, Present and Future. Denver, CO: Libraries Unlimited.

[4] Caldas Blanco María. (2014). Empresa e iniciativa emprendedora. Editex.

[5] Corominas, J. y Pascual, J.A. (2007). Diccionario crítico etimológico castellano e hispánico. Madrid: Gredos.

[6] Gardner Howard. (2005). Inteligencias Múltiples. La teoría en la práctica. Barcelona: Paidós.

[7] Gonzálvez Vallés Juan Enrique. (2011). La Web 2.0 y 3.0 en su relación con el EEES. Editorial Visión Libros: Madrid.

[8]   Halpern, D. F. (1998). Teaching critical thinking for transfer across domains. American Psychologist, 53(4), 449-455.

[9]   Luján, S. (2002). Programación de aplicaciones Web: historia, principios básicos y clientes Web. España: Editorial Club Universitario.

[10] Matthews, Jason. (2014). Cómo hacer tu propia página Web gratis. Babelcube Inc.

[11] Tezanos, Araceli de. "Constructivismo: un largo y dificultoso camino desde la investigación al aula de clase". En: Revista Educación y Pedagogía. Medellín: Universidad de Antioquia, Facultad de Educación. Vol. XIII, No. 31, (octubre-diciembre), 2001. pp. 29-41.

[12] Tobón, S. (2013). Formación integral y competencias: pensamiento complejo, currículo, didáctica y evaluación (4ed). Bogotá: Ecoe.

[13] Zimmerman, B. J. (1989) A social cognitive view of self-regulated academic learning. Journal of Educational Psychology, 81, 329-339.

Colofón

LIBRO CIENTÍFICO

INVESTIGACIONES EN TECNOLOGÍAS DE INFORMACIÓN,

INFORMÁTICA,

Y COMPUTACIÓN

Volumen II

Se terminó de imprimir en los Estados Unidos de América

en Agosto de 2017

con un tiraje de 300 ejemplares

BIOGRAFÍAS

Lotzy Beatriz Fonseca Chiu.

Nació en Guadalajara, Jalisco, estudió la Licenciatura en Informática en la Universidad de Guadalajara, estudió la Maestría en Tecnologías para el Aprendizaje con la orientación a la Investigación en el Centro Universitario de la Costa de la Universidad de Guadalajara, actualmente Profesor en el Centro Universitario de Ciencias Exactas e Ingenierías CUCEI, y asesor adjunto en el Sistema de Universidad Virtual de la Universidad de Guadalajara. Ganadora del 6to concurso de docentes innovadores organizado por Microsoft.

María Elena Romero Gastelú.

Nació en Xalapa Enríquez, Veracruz, estudió la Licenciatura en Informática en el Instituto Tecnológico de Tepic y la Maestría en Sistemas de Información en la Universidad de Guadalajara, ha sido Profesor en el Departamento de Ciencias Computacionales en el Centro Universitario de Ciencias Exactas e Ingenierías CUCEI por 20 años.

Sofía de Jesús González Basilio.

Estudió la Licenciatura en Ciencias de la Educación en la Universidad Autónoma de Nayarit durante el periodo 2005-2009, estudió la Maestría en Tecnologías para el aprendizaje en el Centro Universitario de la Costa de la Universidad de Guadalajara en el periodo 2012-2014, actualmente es docente en la Licenciatura en Ciencias de la Educación en la línea de formación de procesos curriculares en la Universidad Autónoma de Nayarit.

Jorge Lorenzo Vásquez Padilla.

Nació en Guadalajara, Jalisco, estudió la Licenciatura en Matemáticas con la Orientación en Computación y la Maestría en Sistemas de Información en la Universidad de Guadalajara, estudió la Maestría en Redes y Comunicaciones en la Universidad Católica de Ávila (Zaragoza, España), además obtuvo la certificación en el programa CCNA como instructor en Redes de Computadoras que otorga la Compañía Cisco Systems, ha sido profesor en el Departamento de Ciencias Computacionales del Centro Universitario de Ciencias Exactas e Ingenierías CUCEI desde su creación.